Surpassez-vous

OUTILS POUR VOTRE TRANSFORMATION PERSONNELLE

Mahamadou Sow

Droits d'auteur © 2018 Mahamadou SOW

Tous droits réservés

ISBN : 10 : 2956338714

ISBN-13 : 978-2956338710

Je dédie ce livre à ma famille : mon épouse bien-aimée, Nissayi, à mes enfants, notamment l'étonnante Khadija et le merveilleux Amidou.

Remerciements

Je dois tout d'abord remercier mes parents, particulièrement khardiatou COULIBALY et Abdoulaye SOW sans oublier Amidou TRAORE et Lalia DIARRA qui m'ont transmis une éducation et une attitude positives pour la vie.

Je remercie particulièrement mon épouse Nissayi, la mère de mes enfants. Mes remerciements vont également à l'ensemble du personnel du Lycée Technique Industriel Maurice Delafosse et aux responsables du Ministère de l'enseignement Technique et de la formation Professionnelle. Je tiens également à remercier toutes les personnes qui ont participé de près ou de loin à la réalisation de ce travail.

Mahamadou SOW

Table des matières

La raison d'être de ce livre 15

Les réalités 19

PREMIERE PARTIE : 23

LES PRINCIPES FONDAMENTAUX A ADOPTER POUR BÂTIR LA CARRIÈRE ET LA VIE QUE VOUS DÉSIREZ 23

Maîtrisez vos pensées 25

Fixez-vous des objectifs 31

Comment se fixer des objectifs 34

L'imagination 39

Orientez-vous 47

Nourrissez votre esprit 49

Réveillez-vous 59

Travaillez sur vous 63

Gérer les priorités 69

DEUXIEME PARTIE : 73

ATTITUDES ET HABITUDES DESTRUCTRICES .. 73

Les croyances. 75

La peur 80

Les influences négatives 83

La jalousie 85

Une mauvaise alimentation 87

Sortir de sa zone de confort 89

Gérer l'écran qui se trouve chez vous : La télévision....92

TROISIEME PARTIE 95

LES FACTEURS FAVORISANT LA REUSSITE ET L'EXCELLENCE 95

L'ambition 97

L'autodiscipline 99

La Motivation 101

La confiance et l'estime de soi 107

Le courage 113

La persévérance 115

Le pouvoir de la volonté 118

L'action 120

Apprendre à devenir leader 123

La coopération et la tolérance 126

QUATRIEME PARTIE : 129

METHODES PRATIQUES POUR TRANSFORMER VOTREVIE 129

Reprogrammez votre subconscient 131

Les habitudes 136

Voyez grand et maîtrisez diverses situations de la vie 143

Gérez votre stress 146

Acceptez les critiques et solliciter des commentaires. 151

Améliorez-vous grâce à cette technique qui marche .. 153

Vaincre l'habitude d'abandonner 156

Pour le changement de mentalité et la réussite 158

Les livres à lire pour votre développement personnel 163

Bibliographie 165

La raison d'être de ce livre

J'ai écrit ce livre pour aider les autres à transformer leur vie comme je suis en train de transformer la mienne. Depuis un certain nombre d'années, j'ai pris une décision. Celle-ci n'est ni un souhait ni un désir, mais un engagement d'opérer des changements dans la vie de mes semblables. En réalité ce n'est pas un acte qui est pris au hasard d'autant que je n'y crois plus encore moins à la chance. Cette décision a commencé à germer dans mon esprit à la suite de mon recrutement comme professeur de fabrication au Lycée Technique Industriel Maurice Delafosse. En ce temps, j'éprouvais en moi une insatisfaction.

Dans mes relations avec les gens, ma communication, la façon dont je me comportais, mon niveau de connaissance, la confiance en moi-même, la timidité qui m'envahissait tout le temps, la prise de parole en public sont autant de facteurs qui m'ont poussé à vouloir **me surpasser**. J'ai commencé à acheter des livres, à écouter des audio et à visualiser des vidéos pour trouver des points qui pourraient m'aider à changer certaines imperfections. Au fur et à mesure que j'avançais dans mes lectures, je découvrais mes insuffisances et je me suis rendu compte que l'homme est un éternel apprenant. À partir de ce moment, j'ai pris une décision irrévocable : j'ai envie de me

surpasser. C'est en lisant que j'ai su que ce que je suis en train de faire relevait du *développement personnel*. Les experts définissent ce terme comme un ensemble pratiques et techniques qui favorisent le développement et l'épanouissement du potentiel humain ; d'autres le définissent comme un ensemble de démarches entreprises, de manière consciente, afin d'améliorer la qualité de sa vie comme certains aspects de sa personnalité. Que l'on puise ces connaissances dans les sciences religieuses ou dans les sciences profanes pour en faire un outil de développement de son esprit et de son corps, quoi qu'on dise, c'est du développement personnel.
C'est en ce moment que j'ai découvert des situations que j'ignorais. J'ai commencé à pratiquer ensuite à voir certains résultats apparaître au fur et à mesure que j'avançais.

À mon avis, nous sommes tous sur cette terre pour la changer et changer notre vie, autrement nous sommes inutiles pour nos frères et sœurs, pour l'humanité et devant Dieu.
« Ne cherchez pas la connaissance pour polémiquer avec d'autres savants et pour prouver votre supériorité, ou pour vous disputer avec l'ignorant ou pour attirer l'attention des gens » disait le prophète Mohamed (PSL). Il a loué aussi la propagation de la connaissance. Cette pensée me nourrissait le mental. Étant donné que, tout ce que le mental nourrit, l'attire et nous devenons ce à quoi nous pensons le plus, je me croyais capable de devenir un agent de changement. C'est en ce moment que j'ai découvert ce

qui m'enthousiasmait : faire découvrir aux autres que chacun peut aspirer à apporter des changements dans sa vie. À cet effet, Napoléon HILL disait : « Tout ce que l'esprit peut concevoir et arriver à croire, il peut le réaliser». J'ai commencé à organiser des séances d'animation dans le domaine du développement personnel avec mes élèves, à organiser des conférences partout où, on m'autorisait à parler de ce que je sais et qui pourrait aider les autres à se motiver et à se ressaisir pour produire plus de résultats. Certains de mes admirateurs, me conseillèrent d'écrire pour donner la possibilité à d'autres personnes de lire le message que je voulais véhiculer, d'avoir à portée de main un document qui pourrait les aider à se rappeler. C'est alors que j'ai pris la décision d'écrire ce modeste ouvrage pour jouer mon rôle et devenir une valeur ajoutée au bien-être de la société dans laquelle je vis et aussi à l'humanité toute entière.

La plupart d'entre nous sont retenus captifs des habitudes et attitudes qui les retiennent à terre. Par notre ignorance, nous vivons et avançons péniblement comme des engins dont le frein à main s'est engagé continuellement parce qu'on se met constamment des barrières par des moyens qu'on ignore. Il est du devoir de chacun de chercher à se parfaire et à aider les autres, et c'est pour cela que nous avons le privilège de vivre.

Mon principal objectif aujourd'hui est de vous motiver, d'éveiller en vous le feu de la persévérance ; de proscrire en vous la peur et le découragement face aux épreuves, d'éveiller en vous la confiance en soi, de vous aider à effacer toutes pensées négatives qui vous freinent. Il est temps de se débarrasser de ces barrières qui sont des comportements autodestructeurs mais qui, avec la répétition deviennent, des habitudes autodestructrices, des croyances paralysantes, des blocages émotionnels qui nous clouent littéralement.

À mon humble avis, j'espère que ma contribution apportera des solutions à vos interrogations.

Les réalités

- Le monde de demain de toute évidence appartient aux personnes qui cherchent à s'élever au-dessus de la médiocrité.
- Les employeurs ne cherchent plus les personnes qui manquent de confiance en elles-mêmes, mais celles qui ont un savoir- faire et un savoir- être, bref un potentiel humain.
- Seuls ceux qui savent prendre des risques occuperont des postes de responsabilité et gouverneront le monde.
- Le monde a besoin de gens qui apportent des solutions aux problèmes et non ceux qui présentent déjà un problème en eux-mêmes car les diplômes seuls ne peuvent vous garantir la production de résultats encore moins la réussite dans votre vie.
- Nous sommes tous responsables de nos actes et de nos choix.
- Nous devons tous chercher à progresser pour devenir un agent de changement et non un agent utilitaire, trouver une orientation et donner un sens à notre vie.
- Nous sommes à une époque où la minorité est influencée par la majorité même si cette dernière ne s'appuie pas sur des bases solides.
- Les gens se mettent constamment des barrières, parce qu'ils sont inconscients de leur potentiel et de leurs capacités.

- Le manque de maîtrise de notre vie est la cause de tous nos maux et cela a pour cause notre ignorance.
- Le développement personnel doit être enseigné dans les établissements, dans les familles, dans les entreprises, ... et être adapté à chaque niveau.

PREMIERE PARTIE :

LES PRINCIPES FONDAMENTAUX A ADOPTER POUR BÂTIR LA CARRIÈRE ET LA VIE QUE VOUS DÉSIREZ

Maîtrisez vos pensées

« Ta vie est entre tes mains. Quel que soit l'endroit où tu te trouves en ce moment, quel que soit ton passé, tu peux commencer à choisir consciemment tes pensées, et tu peux changer ta vie. » [Paul Harrington]

« Nous sommes ce que nous pensons, tout ce que nous sommes est le résultat de nos pensées. Avec nos pensées, nous bâtissons notre monde. » [Bouddha]

Qui sème une pensée récolte une action, qui sème une action va récolter une habitude, qui sème une habitude va récolter un caractère et qui sème un caractère va récolter un destin.
Le domaine que nous devons chercher à maîtriser le plus, c'est le domaine des pensées. La non-maîtrise de nos pensées est la cause de toutes les frustrations que nous rencontrons. La qualité de notre vie dépend de celle de nos pensées.
Comprendre comment fonctionnent nos pensées et les utiliser à de meilleures fins est le meilleur des pouvoirs que nous puissions avoir dans notre existence.
Les pensées sont des graines car elles sont régies par les mêmes propriétés. De la même manière qu'il a été dit que nos cellules sont fabriquées à partir de ce que nous mangeons, c'est ainsi que

nous devons savoir tous que notre réalité est déterminée par la qualité de nos pensées.

Si nous voulons changer le cours de notre vie, atteindre nos objectifs, vivre dans le bonheur, nous devons changer toutes les pensées négatives et les remplacer par celles positives.

Ceci est prouvé par la loi des correspondances qui stipule que « nos actions ne peuvent aller au-delà de nos pensées ou nos actions ne peuvent pas être en contradiction avec nos pensées dominantes continuellement ».

La maîtrise de la pensée commence d'abord par le choix de votre environnement psychologique et les livres que vous lisez, puisque nous sommes ce que nous pensons, nous sommes aussi ce que nous lisons.

Les nouvelles formes de pensée créent de nouveaux circuits neuronaux qui changeront notre état d'esprit et nos comportements. L'homme se trouve là où se trouvent ses pensées, car nous pouvons être présents physiquement et être ailleurs en pensée. Réjouissons-nous car nous pouvons modifier nos pensées à tout moment. Nous pouvons attirer la réussite par les pensées car nous sommes ce que nous pensons le plus souvent.

L'orientation fréquente d'une pensée sur une chose nous pousse à agir pour la réaliser.

Les pensées négatives créent des comportements dont les conséquences sont constituées de résultats qui ne peuvent être que ceux de l'échec. Changez votre façon de penser et vous changerez vos résultats.

Il est évident que l'inquiétude, la crainte et toutes les autres pensées négatives produisent les fruits de la même espèce ; ceux qui nourrissent ce type de pensée récolteront inévitablement ce qu'ils ont semé.

L'inquiétude, la crainte, la peur, etc. sont toutes des graines qui, semées, ne peuvent produire dans notre vie que d'autres pensées similaires qui, à leur tour, créent des frustrations car nous attirons dans notre vie les circonstances qui sont concordantes avec nos pensées dominantes.

Nous devons penser à ce que nous voulons et non à ce que nous ne voulons pas, car par la loi de l'attraction, nous attirons dans notre vie l'objet de nos pensées. Faites attention à vos pensées. Vous êtes à l'image de tout ce que vous mettez dans votre cerveau.

Les pensées de maladie attirent les maladies, les pensées de manque attirent le manque, les pensées de haine attirent la haine et les pensées de richesse appellent la richesse. Ainsi les pensées de détermination, de courage, de réussite, de joie, ne feront qu'attirer des pensées similaires et renforcer votre attitude à agir avec détermination, courage, joie etc.

Le régime mental

Quand nous parlons de régime mental, il s'agit du contrôle des pensées face aux inquiétudes qui nous pompent le plus notre énergie. La plupart du temps, notre entourage vit dans le négativisme.

Vous avez remarqué que nous perdons toute motivation ou envie de travailler quand nous sommes sous l'emprise des inquiétudes. Les pensées négatives créent des émotions négatives et ces dernières créent des pensées néfastes. C'est le cercle vicieux ou le discours mental négatif.

De même, la colère, l'envie, la jalousie, l'anxiété, la cupidité et les pensées négatives sont toutes voleuses d'énergie.

En plus, ces pensées négatives sont sources de maladies. En général, nous sommes envahis par ces émotions négatives si nous nous focalisons sur ce que nous ne voulons pas vivre ou quand nous nous mettons à penser à un manque. Le manque d'objectifs peut être aussi à l'origine des pensées négatives. Notons aussi qu'il y a un lien étroit entre le manque d'objectif et la vieillesse rapide. Le facteur important qui cause cette vieillesse rapide est de nourrir son esprit de pensées négatives.

Le manque d'objectifs signifie que nous laissons notre jardin mental à la merci des mauvaises herbes qui sont comparables à des pensées négatives. La plupart des maladies sont causées par des pensées négatives qui créent le stress et qui finalement, provoquent des maladies psychosomatiques. Les pensées négatives sont souvent source de stress, et qui dit stress, parle de secrétions de substances chimiques qui dégradent notre corps, nous pompent notre énergie et finissent par nous causer des maladies qui nous fatiguent et favorisent aussi la vieillesse rapide. Elles pouvaient et peuvent être évitées, si on apprenait à vivre dans la joie.

De toute évidence, savoir contrôler ses pensées, y compris ses émotions est la plus grande bataille que l'homme peut gagner pour accéder au bonheur.

Le petit démon ou le discours mental négatif

Dans mes conférences, quand je parle de petit démon, les gens sont surpris. Je disais qu'il y a quelqu'un qui est avec vous tout le temps, qu' il est parmi vous dans la salle et que vous ne voyez pas, mais lui, vous voit. Et ce quelqu'un, c'est le petit démon. Et tout le monde regardait de gauche à droite et je leur donnais une minute, le temps qu'ils reviennent à eux. Et je continuais pour leur dire souvent quand vous programmez de faire quelque chose, vous avez cette force qui vous alourdit et vous retient à terre. C'est l'œuvre du diable. Il est toujours présent et vous met à l'esprit des pensées décourageantes, de fatigue et donne envie de repousser ce que vous avez envie de faire. Parfois, il arrive que vous soyez bloqués par une force ou une pensée quelconque pour ne pas agir. Le nom donné à cette voix intérieure négative par les hypno-thérapeutes est le critique intérieur. Écoutez votre discours mental et tâchez de le maintenir en mode positif. Transformez toutes vos pensées négatives en pensées positives et vous verrez la différence.

> **Les pensées négatives créent des comportements dont les conséquences sont constituées de résultats qui ne peuvent être que ceux de l'échec. Changez votre façon de penser et vous changerez vos résultats.**

Fixez-vous des objectifs

« La personne qui ne se fixe pas d'objectifs à long terme, se condamne à se laisser ballotter par la foule. Sans objectifs, nous ne pouvons pas faire de progrès ».David Schwartz

Andrew Carnegie l'homme le plus riche du monde au début du 20ème siècle avait déclaré que « si vous voulez être heureux dans la vie, il vous faudra vous fixer un objectif qui monopolisera votre attention et vous insufflera de l'énergie ».

Beaucoup de gens n'ont pas de buts précis, clairs et nets. Si nous posons la question à plusieurs personnes pour savoir quelles sont celles qui se sont fixé des objectifs, nous verrons que la majorité n'en a point. C'est la raison pour laquelle, beaucoup meurent sans réaliser quoi que ce soit ou meurent comme des personnes ordinaires.

Le manque de but fait que les jeunes ne savent plus qui écouter encore moins quoi lire et quelle formation faire. Ils se laissent balloter par la foule et finissent leur vie sans rien n'entreprendre. Que c'est triste ! Vivre sans objectifs, c'est vivre sans utilité. Les gens qui n'ont pas d'objectifs vivent rarement plus longtemps car la bible dit : « Où il n'y a pas de vision, les peuples périssent; ... (Proverbes 29:18)» Si vous manquez d'objectif, vous n'irez nulle part. Si aujourd'hui, vous voulez quitter chez vous et vous rendre quelque part que vous ne connaissez pas, vous allez parcourir toute la terre sans avoir de destination. Vous allez tourner en rond jusqu'à vous épuiser et rentrer chez vous parce que tout simplement vous n'avez pas d'objectifs.

Toutes les études sur la réussite, démontrent clairement que les personnes, les entreprises, les nations qui réussissent ont des objectifs clairs, précis et mesurables. Si vous voulez changer et améliorer votre situation, vous devez vous transformer et vous perfectionner sans cesse, car la loi naturelle exige de tout ce qui vit, un effort permanent et une lutte incessante vers le progrès.

La première chose à faire, est de définir ce que vous voulez. La deuxième chose : se fixer des objectifs à long terme, à court terme et les mettre sur papier. Le jour où vous mettrez ces deux points en application, vous verrez votre vie changer, jour après jour.

Le fait de définir un objectif, vous permettra d'appliquer l'un des principes fondamentaux à adopter pour s'élever au-dessus de la masse. Ce principe repose sur l'orientation de vos pensées et de vos actions en fonction de votre objectif.

Anthony Robbins, l'un des plus grands enseignants de motivation aux États-Unis disait dans son livre ***L'éveil de votre*** *puissance intérieure* qu'il entendait souvent les gens lui demander à savoir où est ce qu'il prenait son énergie ? Il disait que non seulement, qu'il s'est fixé de grands objectifs, mais aussi que ses nuits sont excitées du seul fait d'y penser.

Sans objectifs avec des plans facilement exécutables, vous êtes ballotés par la foule. Donc vous planifiez infailliblement votre échec car un objectif bien défini est le point de départ de toute réussite. Se fixer un objectif a beaucoup d'avantages parmi lesquels, la santé, le bonheur, les résultats, plus important encore, ce que vous devenez en cours de route.

Beaucoup d'études montrent que les gens qui ont des objectifs semblent vivre beaucoup plus longtemps que ceux qui n'en ont pas, car il y a un lien étroit entre le manque d'objectif et la vieillesse rapide. Fixez-vous des buts pour améliorer votre situation sur le plan physique, mental, spirituel, professionnel, financier, etc. Se fixer des objectifs nécessite la connaissance de beaucoup de lois de la réussite car, qui veut réaliser ses objectifs et aspirations les plus élevées, doit découvrir et mettre en application certaines connaissances liées à ces objectifs.

> Si vous voulez changer et améliorer votre situation, vous devez vous transformer et vous perfectionner sans cesse car la loi naturelle exige de tout ce qui vit, un effort permanent et une lutte incessante vers le progrès.

Comment se fixer des objectifs

Choix de votre objectif

Il existe un art sur comment se fixer des objectifs et ce qu'il faut faire pour espérer les atteindre. La première chose qu'il est nécessaire de savoir, c'est comment choisir son objectif.

La plupart d'entre nous ont choisi des objectifs qui ne leur correspondent pas, mais qui correspondent à ce que les autres veulent qu'ils fassent. Que c'est dommage ! Beaucoup choisissent un domaine parce que leurs parents ont demandé de le choisir sans qu'ils ne le veuillent, en espérant y exceller. Cela peut se faire mais à quel prix ? De tout, sauf la joie de travailler.

Deux étudiants sont venus me voir dans mon établissement, l'un m'a dit qu'il a choisi la Géographie parce qu'il était en compagnie d'amis qui lui ont demandé de la choisir cette discipline, mais qu'il n'était pas sûr de le vouloir. L'autre est une fille qui a choisi un domaine mais elle ne connait pas le cursus qu'il faut suivre pour vraiment y arriver. Un autre défi sérieux à relever et qu'il' faut chercher à résoudre, c'est l'orientation des élèves et étudiants au Sénégal qui ne se fait pas comme elle devrait être faite. Un pays ne peut se développer sans l'éducation et l'instruction. Ce qui ralentit le développement d'un pays, c'est d'orienter des jeunes en leur faisant faire des choix qu'ils n'aiment pas. C'est le cas des universités au Sénégal. En général la majorité des étudiants est orientée par défaut. C'est ahurissant !

Une autre étudiante du nom de Mame Faty m'a envoyé un message après avoir lu un de mes articles sur le net et disait « je suis une nouvelle orientée à la Faculté des Sciences Économiques et de Gestion, une filière dont je n'ai jamais rêvé. Mon unique problème est que je manque de confiance en moi-même. Et j'aimerais vraiment avoir vos conseils parce que c'est seulement les études qui comptent pour moi. Mais comment évoluer dans un domaine qu'on n'aime pas ? »

Pour choisir un objectif, vous devez suivre votre cœur, c'est-à-dire vous devez aimer ce que vous voulez choisir ; vous devez être prêt à ne suivre que ce domaine. Il ne sera pas facile que vous en soyez détournés. Vous pouvez être orientés dans d'autres domaines mais vous devez trouver un moyen de faire le plus près possible, ce qui vous fait sentir du bien dans le travail. Vous devez être prêt à vous donner corps et âme. Vous devez accepter d'être critiqué, d'être rejeté, pointé du doigt, que vous soyez même traité de fou.

Votre objectif doit parfois vous faire pleurer de joie, d'enthousiasme et parfois même de tristesse. Que vous en parliez tout le temps, faire des nuits blanches, tout cela en vue de réaliser ce que vous voulez et aimez. Votre objectif doit être grand car les petits objectifs peuvent être notre défaite de demain. « Pour la plupart d'entre nous, le danger n'est pas de viser trop haut et de rater la cible, mais de viser trop bas et de l'atteindre » disait (Michel-Ange). Certains objectifs méritent que vous fixiez la date à laquelle vous voudrez les atteindre, et cela vous pousse à agir. Par contre, d'autres pas du tout, car le fait de fixer une date peut s'avérer parfois néfaste car seul Dieu connait le moment approprié auquel l'atteinte d'un objectif est meilleur pour nous.

La croyance à l'atteinte de votre objectif est obligatoire. Ne pas croire que vous pouvez atteindre votre but correspond à une prière où vous avez des doutes si elle serait exaucée. Votre objectif, pour qu'il soit grand, doit servir le plus grand nombre de personnes et être approuvé par Dieu, c'est-à-dire de ne nuire à personne. Réfléchissez sur ce que vous voulez être, faire et avoir ; passez à l'action et DIEU vous donnera un coup de main.

Planification des objectifs

Les objectifs, une fois choisis, doivent être détaillés en trois sortes de sous objectifs. Les objectifs à court terme, les objectifs à moyen terme et les objectifs à long terme. Pour cela, voici un exercice qui peut vous aider à choisir et planifier les objectifs que vous comptez réaliser :

Prenez une journée ou une semaine à réfléchir sur tout ce que vous voulez réaliser ou tout ce que vous vous croyez capable de réaliser et écrivez les sur une feuille sans vous mettre de limites car « les seules limites qu'a un homme sont celles qu'il s'impose », disait Goldwit.

Écrivez vos objectifs.

1. Écrire avec la main est plus puissant que d'avoir vos objectifs en tête ou d'écrire avec un ordinateur. Il y a beaucoup plus de muscles neuronaux qui interviennent en écrivant avec la main et surtout pour aider votre cerveau à l'intérioriser ;
2. Ensuite, mettez 1 sur les objectifs que vous vous croyez capable de réaliser dans les trois années qui suivent ;
3. Dites pourquoi vous voulez les réaliser ;
4. Qu'est-ce que vous êtes prêts à faire pour les réaliser ?
5. Lisez ces objectifs deux fois par jour. Cette lecture a pour but de reprogrammer votre subconscient à passer à l'action ;
   Ensuite, faites la même chose pour les objectifs que vous voulez atteindre dans quatre ans, voire même cinq, dix ;
6. Fixez-vous maintenant des objectifs mensuels, hebdomadaires et journaliers, en lien avec vos premiers objectifs à court terme, de même que ceux qui sont à moyen et long terme.

Les aspects de votre vie que vous devez chercher à parfaire sont : votre physique, la maîtrise de vos émotions occupant une place importante, votre tenue vestimentaire, votre communication avec les autres, votre vie avec la société, votre vie spirituelle, personnelle et professionnelle.

> **Vous pouvez être orientés dans d'autres domaines, mais vous devez trouver un moyen de faire le plus près possible, ce qui vous fait sentir du bien dans le travail.**

L'imagination

« L'imagination est une faculté de notre esprit qui nous permet de visionner l'invisible et de le matérialiser dans notre monde physique. » [Philip Person]

« Mon expérience m'a au moins appris ceci : si nous avançons avec confiance vers la poursuite de nos rêves et si nous nous efforçons de vivre la vie que nous imaginons, nous pouvons nous attendre à une réussite exceptionnelle.» [Thoreau Walden]

Les neurosciences ont démontré que le cerveau ne fait pas la différence entre ce qui est imaginaire et la réalité. Albert Einstein précise que l'imagination est plus forte que notre volonté. L'imagination vous pousse à passer à l'action car le cerveau a tendance à vouloir combler la différence entre votre état actuel et ce que vous imaginez.

Imaginez que vous ayez devant vous, une planche de 20 cm de largeur et 50 m de longueur posée à terre. Vous imaginez pouvoir marcher tout au long cette planche facilement. Mais dès qu'on pose cette même planche au-dessus des pieds de 500 m de haut, quand vous vous imaginez ne pas pouvoir marcher dessus cette planche ; toute votre volonté ne pourra pas vous aider si votre imagination vous guide à la chute. « C'est que notre imagination influence notre réalité et, elle est plus forte que notre volonté » disait Émile COUE.

Si on prend l'exemple de quelqu'un qui a vécu une déception dans le passé et que présentement, il s'imagine vivre la même situation, il y a une forte chance qu'il ressente les mêmes émotions qu'il avait vécues. Il se passera la même chose si vous avez peur que ce que vous avez imaginez se produise ou si vous imaginez un fait qui pourrait peut-être vous arriver.

Beaucoup de conférenciers relatent qu'une étude a été réalisée à l'université de Chicago par le Docteur Blaslotto. Une équipe de Basket Ball a été divisée en trois groupes afin de tester leur capacité à faire quotidiennement des lancers francs. Le premier groupe s'entraînait physiquement à faire des lancers francs durant une heure. Le deuxième groupe se contenta d'imaginer en train de réaliser des lancers francs. Le troisième groupe n'était pas invité à faire quelque chose. Après un nombre de jours bien déterminé, les groupes sont placés en situation de compétition réelle au test des lancers francs. Le troisième groupe évidemment n'a eu aucun résultat louable. Le premier groupe s'améliora. Enfin le deuxième groupe, quant à lui, produit un résultat de quelques pourcentages de moins par rapport au premier par sa seule imagination.

Ce que **Docteur Blaslotto** voulait démontrer, c'est que nous pouvons nous servir de notre imagination pour influencer notre réalité. Prenez du temps à imaginer ce que vous voulez dans la vie, Il y a une forte chance que votre cerveau à travers votre système réticulé activateur vous aide à le réaliser.

IL vous est recommandé de faire cet exercice pour remarquer comment vous vous réveillerez facilement quand vous êtes sous l'emprise du sommeil. Fixez-vous un objectif qui vous excite par le seul fait d'y penser. Imaginez en train de le réaliser détail par détail. Imaginez que vous l'avez déjà obtenu .À coup sûr, vous allez vous rendre compte que vous n'avez plus sommeil. Le meilleur moyen d'avoir les nuits et des jours excités, c'est de se fixer un objectif qui vous permet d'avoir un bon ressenti par le seul fait d'y penser. Vous remarquerez que vos pensées seront orientées à vouloir agir dans le sens des actions qui sont en lien avec l'objectif.

Je fus convoqué en 2014 à la correction du baccalauréat à Kédougou. Après avoir fini de corriger, nous nous sommes fixés comme objectif d'aller visiter la chute d'eau nommée Dindéferlo. Dès qu'on s'est fixé l'objectif, nous avons commencé déjà à vivre la joie et même, à avoir des nuits excitées.

Ce que vous apprenez en vous fixant des objectifs est que ceux-ci vous font sentir des émotions positives, et plus vous avez des émotions positives, plus vous avez envie, et plus vous vous projetez dans l'imagination. Le fait de se fixer des objectifs et d'avoir les résultats en tête, vous aide à transcender le temps et ne pas vous rendre compte des obstacles et des difficultés.

En cours de route vers Dindéferlo, on ne voyait que le lieu en tête, malgré les grosses pierres, les arbres touffus, la fatigue, etc.

Le fait d'imaginer le résultat a une grande importance. Tout le monde doit se servir de son imagination car celle-ci, accompagnée d'émotions, nous aide à passer de la volonté à l'action afin d'atteindre nos objectifs. À force d'imaginer quelque chose, vous finissez par le concrétiser

L'imagination est une puissante technique qui peut vous aider. Elle doit être canalisée et orientée vers la réalisation de vos objectifs.

Engagez-vous publiquement

L'engagement public vous permet de ne pas baisser les bras et vous pousse à agir pour ne pas perdre la face devant ceux que vous aimez et respectez. Parlez-en aux gens qui vous suivent et évitez les personnes toxiques de votre entourage car elles peuvent vous transmettre les virus du découragement et réunir leur arsenal afin de vous barrer indirectement le chemin de votre croissance personnelle.

Suivez la règle fondamentale de la réussite qu'Anthony Robins a décrite dans son livre *Pouvoir illimité :*

- ➢ Fixons-nous des objectifs :
- ➢ Agissons ;
- ➢ Constatons le résultat ;
- ➢ Corrigeons et réajustons ;
- ➢ Agissons de nouveau.

Votre Système d'Activation Réticulaire (S.A.R)

Votre système **d'activation réticulaire** ressemble à un réseau entre les neurones qui est prêt à vous servir. C'est votre Google interne, mais il ne vous sera utile que lorsque vous aurez un objectif. Les neurosciences ont prouvé que nous sommes confrontés chaque jour à des millions d'informations par jour et que si nous n'avions pas ce système d'activation réticulaire, nous serions devenus fous.

À l'image du navigateur Google, si nous cherchons une information, et en saisissant l'objet que nous cherchons sur le net, le navigateur nous donne des millions d'informations en une fraction de secondes. Mais plus l'information que nous cherchons est précise, plus le navigateur réduit le nombre d'informations données, et plus l'objectif est beaucoup plus précis, plus nous avons des réponses précises. Je vous recommande d'essayer et vous verrez certes les résultats.

C'est la même chose avec notre système réticulé activateur. Plus votre objectif est précis, plus votre système filtre des informations qui vous intéressent parmi des milliers d'informations. Et plus précisément, il vous oriente vers tout ce qui doit vous être utile. C'est le même processus qui m'est arrivé lorsque je me suis fixé comme objectif de devenir conférencier.

Le S.A.R nous oriente, nous aide à trouver tout ce qui a un lien avec notre objectif. C'est la raison pour laquelle nous invitons les personnes à lire leurs objectifs plusieurs fois par jour, car cette lecture servira non seulement à reprogrammer le subconscient, mais aussi à aider le S.A.R à filtrer les informations dont nous aurons besoin afin de nous orienter.

Fixez-vous des objectifs si vous ne voulez pas vieillir rapidement. Mettez en place **un plan de croissance personnel** en vous fixant des objectifs annuels et mensuels.

> **Le fait d'imaginer le résultat a une grande importance. Tout le monde doit se servir de son imagination car celle-ci accompagnée d'émotions nous aide à passer de la volonté à l'action.**

Cherchez à vous surpasser

« Vous devez vous surpasser d'abord pour obtenir plus que ce que vous avez déjà ». Jim Rhon.

« Il faut tâcher de se surpasser toujours ; cette occupation doit durer autant que la vie ». Christine de Pisan

Se surpasser sans cesse est le moyen le plus sûr pour pouvoir produire des résultats. D'habitude, vous confondez problèmes et défis. Sans défis vous ne pouvez pas vous surpasser, car ils vous renforcent, vous font grandir et vous élèvent.

Vous devez vous surpasser, en d'autres termes vous devez travailler plus pour dépasser le niveau auquel vous êtes et créer une autre situation afin d'obtenir plus que ce que vous possédez actuellement.

Une personne qui ne peut pas soulever un sac de 50 kg a un défi et ce défi ce n'est pas le sac, mais c'est elle. Elle doit encore aller s'entraîner, se renforcer pour revenir ensuite essayer pour voir si elle s'est surpassée. C'est la meilleure solution et c'est plus judicieux que de venir dire que ce sac est trop grand et lourd, alors que c'est elle qui est petite.

Dans tous les domaines de la vie, si vous voulez avancer, vous devez avoir cet état d'esprit pour atteindre vos objectifs.

La première cause d'échec des jeunes est qu'ils ne cherchent pas à **se surpasser**. Ils sont pressés de posséder avant de pouvoir être et faire. Ils ne se fixent pas d'objectifs parce qu'ils ne savent pas au juste ce qu'ils veulent et même s'ils savaient ce qu'ils voulaient, ils ne savent pas quoi faire. Ce n'est pas fini : beaucoup d'entre-eux n'ont pas la volonté d'apprendre et la volonté d'accepter le changement, donc ils ont du mal à **se surpasser**.

> **Vous devez vous surpasser, en d'autres termes vous devez travailler plus pour dépasser le niveau auquel vous êtes et créer une autre situation afin d'obtenir plus que ce que vous possédez actuellement.**

Orientez-vous

"Ayez le courage de suivre votre cœur et votre intuition. L'un et l'autre savent ce que vous voulez réellement devenir. Le reste est secondaire" Steve Jobs

« Le manque d'orientation, et non le manque de temps, est le vrai problème. Nos journées comptent toutes 24 heures ». – Zig Ziglar

Rapprochez-vous des gens qui ont déjà fait des exploits et écoutez-les ; ils vous montreront avec plaisir le chemin. Ils ne pourront jamais vous aider si vous ne savez pas ce que vous voulez. Vous pouvez transformer le niveau de votre vie, si vraiment vous y croyez. Vous fixer des objectifs, vous permettra de savoir :
- les personnes qu'il faut écouter ;
- les formations et les séminaires qu'il faut suivre ;
- les livres qu'il faut lire ;
- le coach ou le mentor qu'il faut avoir ;
- les personnes qui doivent être nos compagnes.

Dans le cadre des investissements, l'erreur que l'on commet souvent, est de demander conseil à celui qui n'a jamais investi dans un domaine dans lequel nous voulons investir. Un étudiant en Droit ne peut pas demander conseil à un professeur spécialisé en Tourisme pour exceller dans son domaine. Un vendeur de téléphones portables ne peut pas se permettre de demander conseil à un vendeur de poissons.

> **Rapprochez-vous des gens qui ont déjà fait des exploits et écoutez-les ; ils vous montreront avec plaisir le chemin.**

Nourrissez votre esprit

"C'est ce que nous pensons déjà connaître qui nous empêche souvent d'apprendre.» Claude Bernard

« La plupart des gens jubilent lorsqu'ils reçoivent leur diplôme ou certificat et se disent : 'Dieu merci'. C'est fini maintenant. J'ai fini avec mes études'. Sachez que ces types de pensées ne peuvent vous amener plus loin que la moyenne »

John Maxwell

Nous sommes d'éternels apprenants, jusqu' à notre mort, même si on ne s'est pas inscrit dans une école. Beaucoup de personnes peuvent dépenser beaucoup d'argent pour s'habiller et se nourrir : montres, habits, nourritures, chaussures... Ces mêmes personnes ont du mal à débloquer de l'argent pour nourrir la partie la plus importante de leur être, c'est-à-dire leur esprit. Personne n'est prêt à échanger le contenu de son cerveau contre quoi que ce soit. Pourtant, c'est cette partie que l'on néglige le plus.

Une personne qui se respecte doit nourrir son intelligence. Les compétences techniques et les connaissances académiques ne suffisent plus pour faire la différence. Il faut en plus de ces connaissances techniques, le développement personnel pour cultiver la confiance en soi, l'estime de soi, l'affirmation de soi, la gestion des émotions, apprendre à devenir un leader, apprendre à communiquer avec les autres, comprendre le fonctionnement de son cerveau, apprendre la prise de parole en public, etc. Les livres peuvent changer votre vie, vous aider aussi à vous fixer des objectifs pour vous élever au-dessus de la médiocrité. Les livres peuvent vous aider à éviter beaucoup d'erreurs, car l'ignorance est la source de tous les problèmes que vous rencontrez.

Que c'est étonnant de voir la majorité des jeunes gaspiller leur énergie dans des choses futiles ! Ils gaspillent leur temps dans des préoccupations sans intérêt. Ils achètent du matériel de nouvelles technologies à des prix exorbitants et oublient leur esprit. C'est la raison pour laquelle beaucoup de jeunes ne se créent pas leur propre opinion en fonction de leur maturité d'esprit. Ils se laissent imposer par les opinions des autres, en particulier celles diffusées par la télévision, les faux amis, celles venant aussi de leur propre environnement psychologique, etc.

Nourrir son intelligence est l'un des meilleurs cadeaux que l'on peut se faire à soi-même.

Le plus souvent, les gens apprennent pour un but ponctuel et après, ils oublient une fois qu'ils ont obtenu ce qu'ils veulent, et ils ne s'en servent plus.

Le savoir se trouve dans les livres, les films inspirants, les formations, les séminaires, dans le plus grand laboratoire qui est le fait d'observer les gens qui ont ce que nous voulons. Il suffit d'avoir la volonté d'apprendre et de progresser.

Le meilleur moyen de nourrir son esprit est :
- de commencer à lire des livres inspirants, des autobiographies et biographies de gens célèbres qui ont réussi de façon spectaculaire ;
- d'écouter les audio de motivation ;
- d'être avec des gens qui veulent réussir et qui ont ce que vous voulez ;
- d'avoir un mentor ou un coach ;
- de participer à des séminaires et d'assister à des séances de formation.

Ne pas rester un jour sans acquérir de nouvelles compétences afin de créer d'autres circuits neuronaux.

Il ne suffit pas de savoir ce que vous voulez ou de vous fixer un objectif pour produire des résultats. Combien de personnes ont des objectifs, mais combien parviennent à les atteindre ? Toutes les personnes atteindraient leurs objectifs si se fixer des objectifs était suffisant. IL faut aussi avoir la volonté d'apprendre. Accepter de prendre des cours dans le domaine de votre choix est aussi obligatoire que de se fixer des objectifs.

Avoir la volonté d'apprendre nous permettra d'avoir les connaissances qu'il faut pour pratiquer. L'ignorance est le plus grand danger auquel un homme peut être confronté.

Dans son livre ***réfléchissez et devenez riche***, Napoléon Hill affirme que pour cultiver la persévérance, il est nécessaire, d'acquérir les connaissances dans le domaine dans lequel vous voulez exceller. Il est nécessaire, voire obligatoire d'avoir une volonté d'apprendre ou de former un cerveau collectif pour pouvoir remédier à votre manque de connaissance.

Il existe un prix à payer pour acquérir des connaissances et pour créer d'autres circuits neuronaux qu'il vous faut afin de pouvoir relever les défis.

Toute personne qui est à la quête du savoir doit adopter ces habitudes qui sont :

- savoir endurer la faim dans la mesure de ses capacités.
- aimer le silence

Dieu nous a donné deux oreilles et deux yeux afin de pouvoir écouter et observer tout ce qui peut nous être utile.

Le silence vous permet de mieux observer, de mieux imiter car l'une des meilleures façons d'acquérir le comportement et les habitudes que vous voulez adopter, c'est l'imitation à partir de l'observation.

- Aimer la solitude

La solitude vous permet de mieux vous concentrer et de pratiquer, de méditer sur beaucoup de choses relatives à la Création afin de trouver des signes et des leçons du Grand

Créateur. Elle vous permet aussi de réfléchir sur l'orientation que vous voulez donner à votre vie.

- Écourter son sommeil dans la mesure de ses capacités.

Certains n'apprécient pas cette théorie qui pense qu'il faut beaucoup dormir pour mieux réussir.

Tout est un problème d'habitude, d'attitude et d'objectifs. Dormir comme tout le monde ne vous permettra pas de vous distinguer des autres.

- Manger à satiété est l'un des défauts qui entrainent de la paresse humaine. Les marques des excès de tables sont : la lourdeur, la pesanteur et la somnolence.

L'une des conditions indispensables pour développer la persévérance et la volonté est de se sentir disponible et léger après la prise des repas. Selon Al Miqdâd Ibn Ma'dikariba (que Dieu lui accorde Sa satisfaction), le Messager de Dieu disait : «Jamais le fils d'Adam n'a rempli de récipient pire que son ventre. Il suffisait pourtant au fils d'Adam quelques bouchées pour subvenir à ses besoins. Et même s'il lui en fallait absolument davantage, qu'il réserve donc le tiers de son estomac à son manger, l'autre tiers à son boire et le dernier tiers à sa respiration». (Rapporté par Attirmidhi)

Gérez votre sommeil

Il existe trois types de dormeurs :
- ceux qui dorment au-delà de huit heures par jour :

dormir plus de huit heures appelle la paresse, l'oisiveté et l'inaction. Nous nous usons plus si nous passons la majeure partie de notre temps à dormir à l'exemple de la clé qui se rouille si elle n'est pas utilisée. Ce qui est bizarre, c'est que plus votre envie de dormir est grande, plus vous avez davantage envie de vous assoupir ; ce qui ensuite engendre la paresse.

- ceux qui dorment entre six heures et huit heures constituant la moyenne :

plusieurs personnes adoptent cette habitude. Il faut travailler et se reposer intelligemment pour produire des résultats.

- ceux qui ont un nombre d'heures de sommeil inférieur ou égal à six heures. Tous les grands hommes comme : prophètes, rois, inventeurs ont tous sacrifié leur temps, écourter leur sommeil pour pouvoir produire des niveaux de résultats supérieurs. S'élever au-dessus de la masse nécessite de faire plus de sacrifices que les autres. Écourter votre sommeil autant que vous résistez dans la mesure de vos capacités et travailler intelligemment sont les clés pour toute réussite durable afin de trouver des solutions aux défis que vous rencontrez.

Les quatre étapes d'apprentissage

- L'incompétence inconsciente

Il arrive dans votre vie que vous ignorez beaucoup de choses que vous devriez savoir. Pour quitter cette étape, il faut être ambitieux, se fixer des objectifs, observer, demander et écouter.

- Incompétence consciente

En observant et en écoutant, vous finissez par savoir qu'il y a des choses que vous ne connaissez pas.

- La compétence consciente

En ce moment, vous savez et vous pratiquez.
En fonction de votre objectif, vous demandez pour savoir, pour nourrir votre intelligence et comprendre tout ce qui peut vous aider à vous pousser à agir.

- La compétence inconsciente.

Si vous savez, vous pratiquez évidemment. Il arrivera un moment où vous aurez besoin de maîtriser, d'avoir de l'automatisme de ce que vous appliquez ; dans ce cas, il faudra répéter. La répétition est la clé royale pour maîtriser ce que vous apprenez.

La répétition constitue le moyen le plus rapide pour passer à la compétence inconsciente, pour ne plus avoir à réfléchir puisque les actions répétées se gravent dans le subconscient.

> **Nourrir son intelligence est l'un des meilleurs cadeaux que l'on peut se faire à soi-même.**

Embrassez le changement

"Vous n'êtes pas fini tant que vous n'avez pas fini de grandir et de changer." Benjamin Franklin

Pour que les choses changent, vous devez changer. Autrement, à peu près, rien ne changera. » [Jim Rohn].

"La folie, c'est se comporter de la même manière Et s'attendre à un résultat différent.» [Albert Einstein]

Pour changer votre situation, vous devez commencer par changer beaucoup de choses dans votre vie. Il ne suffit pas d'avoir les connaissances qu'il faut pour réussir dans la vie. Le changement fait peur et les gens préfèrent rester dans le statu quo. Ils n'ont pas la volonté de changer pour s'élever et tendre vers l'excellence ou même vers la perfection. Ils ont peur du changement parce qu'ils associent une douleur au fait de changer et ils restent toujours les mêmes personnes sur plusieurs aspects de leur vie. Vous aimez tellement la facilité que mettre en application ce que vous avez appris vous est difficile.

Vous devez faire face au changement. En tant que témoin des évolutions rapides des 50 dernières années, vous devez chercher à vous adapter car vous êtes contraint de suivre l'évolution dans le bon sens. Avoir la volonté d'accepter le changement nécessite que vous abandonniez beaucoup de choses futiles, que vous cherchiez à vous organiser en fonction du temps, à enterrer les conflits passés, que vous cherchiez aussi à vous débarrasser de certaines pensées improductives, des comportements et habitudes destructifs.

Commencez par couper l'écran qui se trouve chez vous et qui agit sur votre cerveau à longueur de journée. Achetez des livres inspirants, étudiez la biographie des gens qui ont réussi de façon spectaculaire. Essayez de pratiquer petit à petit ce que vous apprenez car savoir et ne pas appliquer, c'est perdre son temps. Le savoir n'a d'utilité que pour la pratique.

En guise d'exemple, vous ne pouvez pas peser 150 kg et continuer à manger de la même manière ou à végéter. Vous ne pouvez pas obtenir un résultat qui n'est pas bon et continuer à faire les mêmes actes qui produisent les mêmes effets, ensuite s'attendre à avoir de bons résultats. Le changement se produit généralement quand vous relevez plusieurs défis. Mais malheureusement beaucoup de personnes aiment camper dans leur zone de confort. Les défis les rendent malades.

Votre réaction vous aidera à produire de bons résultats ou à produire de mauvais résultats. Vous ne réaliserez jamais vos objectifs si vous continuez à pointer du doigt ou à accuser les autres. Dites-vous que personne n'est à l'origine de ce que vous êtes devenu et de ce que vous êtes en train de vivre. La responsabilité de vos problèmes d'ordre physique, spirituel et financier vous incombe.

Si vous ne cherchez pas à vous changer, ce n'est personne d'autre que vous. Le contentement passif ou la résignation passive ne vous feront ni évoluer ni changer de situation.

> **Si vous ne cherchez pas à vous changer, ce n'est personne d'autre que vous. Le contentement passif ou la résignation passive ne vous feront ni évoluer ni changer de situation.**

Réveillez-vous

« Pour réaliser une chose vraiment extraordinaire, commencez par la rêver. Ensuite, réveillez-vous calmement et allez d'un trait jusqu'au bout de votre rêve sans jamais vous laisser décourager ».

Walt Disney ; Producteur, Scénariste (1901 - 1966)

Il nous arrive de constater que beaucoup de jeunes perdent du temps dans des débats de bas étage qui ne leur apportent rien.

Un jour, je suis passé dans une des rues de Dakar, au Sénégal, pour aller participer à l'animation d'une émission à la télé. Je voyais des jeunes se réunir devant leur maison et discuter autour de l'un d'entre eux qui préparait du thé.

Je me suis demandé automatiquement « aujourd'hui, c'est quel jour ? Et quelle heure est-il ? » Je me suis dit peut-être qu'ils se reposaient, mais deux heures, trois heures après, ils étaient toujours là. Ces heures perdues pouvaient servir à une formation, une lecture, une vente, à chercher des conseils auprès de gens qui ont réussi et qui peuvent les inspirer. Peut-être, ils n'ont pas été préparés à ces genres de pensée ou bien l'environnement les avait-il engloutis de telle sorte qu'ils ne pouvaient plus voir qu'ils étaient en train de creuser leur propre tombe invisible sans qu'ils ne s'en rendent compte. Ils ont été conditionnés par l'environnement, les faux amis, les faux parents, la télévision et ils ne peuvent plus voir car un voile épais leur couvre l'esprit.

De même, nombreux sont ceux qui se réveillent tardivement. Ils passent une grande partie de leur temps à parler de futilités jusqu'à des heures tardives et se couchent pour se réveiller tard. Ce n'est pas étonnant qu'ils soient en retard dans plusieurs aspects de leur vie. Comment pouvez-vous continuer à dormir à toutes les heures de la nuit alors qu'il vous reste du chemin à faire ? N'est-il pas nécessaire d'écourter votre sommeil, de faire le point et de mesurer là où vous en êtes par rapport à la vie que vous voulez mener ? On vous rend service si on vous dit : « hé les gars, vous êtes en train de dormir, vous n'avez pas vu tout le chemin qu'il vous reste à faire et que ça ne finit jamais ! » Un individu conscient lèvera la tête pour voir, fera un réajustement si nécessaire sans se culpabiliser, car la suite de son parcours dépendra de son état mental. Donc, il ne doit pas épuiser son énergie. Il est parfois nécessaire de reconnaître qu'il vous reste du travail à faire sur vous et que cela ne finit jamais.

Continuer à vous battre avec vous-même est la clé du changement. Pour pouvoir contribuer dans la société, vous ne pouvez pas être au même niveau mental que les gens que vous voulez aider ou faire changer. Travaillez à vous améliorer sans cesse. Mais vous ne pourrez pas atteindre vos objectifs si vous ne travaillez pas sur vous-même car vous aurez besoin d'avoir des outils nécessaires pour aplanir les obstacles et faire disparaître les difficultés que vous rencontrerez inévitablement.

Aucun sacrifice n'est grand pour éviter la pauvreté, la misère d'une vie pleine de difficultés alors que si vous vous engagez, vous pourrez changer votre situation. Dieu vous a donné la capacité à orienter vos pensées sur ce que vous voulez et sur ce que vous êtes capables de faire. Ne confiez pas votre vie à l'État qui ne peut pas tout faire. Chaque personne doit se demander ce qu'elle peut faire ; chaque personne doit s'efforcer de ne plus dépendre de l'État mais de contribuer pour sa société.

Pour cela, vous devez décider à vous engager rapidement afin de créer un lendemain meilleur, de ne plus avoir des problèmes de factures à payer, de ne pas avoir de problème à aider vos proches ou vos semblables, etc.

Se sacrifier, c'est sortir de sa zone de confort. Vous ne changerez pas en restant dans votre zone de confort. Vous ne pouvez réussir ou cherchez à vous changer en ayant les mains dans vos poches.

Vous devez vivre chaque jour à relever défis sur défis. À chaque fois que la vie vous paraît facile, comprenez-vous que vous êtes en train de passer à côté. Vous devez être confiant en sachant qu'à force de relever des défis, vous devenez plus confiant.

Se sacrifier, c'est sortir de sa zone de confort. Vous ne changerez pas en restant dans votre zone de confort ; vous ne pouvez réussir ou cherchez à vous changer en ayant les mains dans vos poches.

Travaillez sur vous

« Il mène la guerre sainte, celui qui se bat avec lui-même. » Prophète Mohamed (PSL)

« Les aptitudes sont ce que vous pouvez faire. La motivation détermine ce Que vous faites. Votre attitude détermine votre degré de réussite. » [Lou Holtz]

Avoir un objectif, avoir la volonté d'apprendre et avoir le désir de changer ne suffisent pas pour progresser dans la vie. Combien de personnes possèdent ces éléments cités ci-dessus, mais ils n'arrivent pas à produire des résultats. Le travail à faire sur soi est plus important que le travail à réaliser. Vous pouvez avoir toutes les connaissances qu'il faut et passer à côté de la vie. Si vous ne savez pas vous maîtriser, comment pourrez-vous gérer ou maîtriser les situations difficiles de la vie.

Savoir se maîtriser est la clé de toute réussite. Le point crucial à chercher à améliorer est la gestion de vos émotions. Les émotions sont à maîtriser le plus rapidement possible car le plus brave des hommes n'est pas celui qui terrasse les autres, mais celui qui sait se maîtriser, se dominer pour être au-dessus des défis de la vie afin de pouvoir atteindre ses objectifs. Ne laissez pas vos émotions prendre le dessus.

La plupart d'entre vous ignorent la capacité de leur cerveau, son fonctionnement et comment ils doivent l'utiliser. Vous ne passez pas suffisamment de temps au niveau de la compétence consciente pour pouvoir arriver au niveau de la compétence inconsciente. De ce fait, beaucoup abandonnent vite à la moindre difficulté.

Il existe aussi plusieurs facteurs liés directement à la non-maîtrise de soi qui fait que vous manquez de persévérance et vous abandonnez vite pour ensuite échouer.

Travaillez sur vous est beaucoup plus importante que tout ce que vous pouvez faire car selon la loi des correspondances, votre vie extérieure dépend de votre état intérieur. En d'autres termes, votre réaction dans la vie dépend de votre état d'esprit qui est intérieur.

Vous devez travailler votre attitude et votre façon de vous comporter. Vos émotions et vos pensées sont deux éléments sur lesquels vous devez travailler le plus.

Évitez la colère, le découragement, la haine, l'intolérance, la frustration et toutes pensées qui peuvent vous faire souffrir. Vos relations avec les gens dépendent de votre attitude .Pour cela, vous devez vous mettre à l'esprit que tout ce qui adviendrait, arrive pour une raison bien déterminée. Pour cela, il faudrait se référer à un verset **du Coran qui dit que : « …. Or, il se peut que vous ayez de l'aversion pour une chose alors qu'elle vous est un bien. Et il se peut que vous aimiez une chose alors** qu'elle vous est mauvaise. C'est Allah qui sait, alors que vous ne savez pas. » (Verset 216, Sourate La Vache).

N'oubliez pas que ce sur quoi vous concentrez vos pensées, vous l'amplifiez. Si vos pensées sont bonnes, vous allez avoir une bonne attitude. Pour vivre une vie riche et passionnante, appliquons le hadith où le prophète **Mohamed (que la paix et le salut d'Allah soient sur lui)** disait « Ne faites jamais aux autres ce que vous ne voulez pas qu'on vous fasse ».

L'atteinte de vos objectifs dépend de l'attitude que vous avez face aux circonstances qui se présentent à vous.

En guise d'exemple, l'attitude que vous avez de votre emploi vous rapproche soit de la «licenciabilité », soit de la « promouvabilité », soit de la « débauchabilité », soit de la faillite, soit du succès.

Une mauvaise attitude vous pousse au sabotage professionnel et à la perte de votre emploi. Une mauvaise attitude vous fait perdre des opportunités et des ventes car, si les attitudes sont bonnes, les actions sont satisfaisantes et quand les attitudes sont mauvaises les actions sont catastrophiques.

En assumant la pleine et entière responsabilité de tout ce qui se passe dans votre vie, vous prenez le pari de vous transformer et de changer les choses vous-même. John D. Rockefeller disait « je vais payer davantage celui qui a le don de s'entendre avec ses semblables que n'importe quel autre don qui existe sur terre».

L'accomplissement d'une tâche dépend de votre attitude et une tâche bien accomplie témoigne d'une bonne attitude.

Voici un exercice facile qui peut vous aider à garder une attitude positive et vous permettre de voir la vie autrement.
- Énumérer toutes les situations que vous croyez être négatives
- mettez en face leur côté positif car *en chaque obstacle, en chaque échec, en chaque désavantage ou défaut dont nous sommes affligés se trouve le germe d'un bénéfice supérieur ;*
- Entourez-vous des gens qui ont une bonne attitude ;
- répétez-vous souvent que Dieu est avec vous, si vous lui faites confiance.

Vos attitudes vous poussent à condamner les circonstances alors que les personnes qui réussissent sont celles qui gardent toujours les mêmes attitudes quelles que soient les circonstances qui se présentent à elles pour s'en sortir gagnantes.

Je suis en train de reprendre un livre que j'avais presque fini un an avant parce que tout simplement, quelqu'un m'avait volé mon disque dur emportant tout le travail que j'avais effectué.

Le découragement ne faisant plus partie de mon vocabulaire, j'ai repris l'œuvre. Si vous ne travaillez pas sur vous, les émotions que vous éprouverez vous empêcheront de voir le bout du tunnel.

En substance, il ne faudrait jamais se dire qu'il est impossible de réaliser tel succès. Une volonté réelle peut entraîner un succès vraiment éclatant. L'adage dit : « il suffit de vouloir pour pouvoir ».

Un jour, j'ai eu une note en fonction de mon comportement au travail dans une structure. Je suis parti voir la personne qui m'a noté pour lui demander sur quelles bases elle s'était appuyée pour me donner cette note.

Tout ce que j'ai retenu de cette discussion était que la note n'était pas objective. Nous avons longuement discuté et finalement, je suis sorti et je me suis dit « je ne laisserai jamais une note non objective mise sur papier affecter ma vie ». Il n'en fallait pas plus pour que des émotions négatives m'envahissent si je n'avais pas une attitude mentale positive. En fin de compte je me suis dit que c'était une occasion pour moi de travailler encore et encore pour ne pas dépendre des agissements ou des réalités des autres.

Ce qui montrait vraiment que la vie d'aucune personne ne doit dépendre des notes inscrites sur papier et que chacun doit se tailler une vie sur mesure.

Le vrai piège, c'est de dépendre des agissements des autres, qui en réalité, ne feront qu'en partie limiter réellement votre potentiel.

> **L'atteinte de vos objectifs dépend de l'attitude que vous avez face aux circonstances qui se présentent à vous.**

Gérer les priorités

"Ne renoncez jamais à un rêve juste à cause du temps qu'il faudra pour l'accomplir. Le temps passera de toute façon."
Earl Nightingale (conférencier américain)

Il y a une méthode de travail que j'ai adoptée qui m'aide à gérer tout ce que j'ai à faire. Cette méthode repose sur le fait de faire un planning qui me donne envie de terminer ce que j'ai commencé. Je partage ici, avec vous, cette méthode :

- écrivez sur papier tout ce que vous voulez faire dans la semaine en le numérotant par ordre croissant ;
- faîtes un emploi du temps journalier depuis votre heure, de réveil au coucher.
- Inscrivez, dans les cases vides, les numéros correspondant aux actions que vous voulez réaliser ;
- Agissez ; n'attendez pas le meilleur moment car ce dernier n'arrive jamais ;
- barrez tout ce que vous avez effectué et reportez ce qui n'a pas été fait à la semaine suivante.

Le défi sera de respecter votre emploi du temps. Pour pouvoir le respecter, je vous recommande de reprogrammer votre cerveau. Cette reprogrammation est de répéter plusieurs fois par jour au moment où vous devez agir, ce que Napoléon Hill a appelé dans son livre *le succès par la pensée constructive,* le secret de la réalisation des projets qui est : « FAIS LE A L' INSTANT » ou « FAIS LE IMMEDIATEMENT ».

La connaissance de certaines lois du temps peut vous aider à ne pas baisser les bras. L'une de ces lois est celle de Parkinson qui stipule que plus on dispose de temps pour accomplir un travail, plus ce travail prend précisément du temps. On travaille toujours plus efficacement lorsque le temps est limité. Lorsqu'il n'y a pas de limite de temps, vous avez tendance à traîner, voire parfois à ne pas achever le travail en question. Au pire, vous le bâclez. Si vous ne savez pas quand est-ce que vous devez vous arrêter, vous aurez du mal à commencer.

À titre d'Exemple : fixez- vous des délais de 15, 30, 45 minutes jusqu'à deux heures avec de petites pauses en fonction des activités que vous avez à réaliser. Vous pouvez pousser vos limites en apprenant à faire des moments de concentration active qui consiste à travailler plusieurs heures. Pour se divertir quelques minutes ou heures, vous devez changer complètement d'activités. La méthode qui va vous permettre de sauver vos journées est de les planifier la veille. Durant la journée, posez-vous la question de savoir si votre journée a été productive et si tel n'est pas le cas, levez-vous et effectuez une dernière action afin de la sauver.

> **On travaille toujours plus efficacement lorsque le temps est limité. Lorsqu'il n'y a pas de limite de temps, vous avez tendance à traîner voire parfois à ne pas achever le travail en question.**

DEUXIEME PARTIE :

ATTITUDES ET HABITUDES DESTRUCTRIES

Les croyances.

Une croyance est une pensée que l'on considère vraie de par sa répétition. Il en existe plusieurs exemples qui créent d'énormes conflits. Beaucoup de maux dont nous souffrons découlent de ces croyances. Certaines de nos croyances sont nées de nos parents, de notre entourage, des amis que vous fréquentez, de vos maîtres et professeurs, de vos études, des médias et en grande partie de vous-mêmes. La plupart des problèmes tels que la pauvreté, l'indiscipline, l'échec des jeunes, le comportement de certains hommes politiques … sont dus à nos croyances. Les causes de ces croyances sont le plus souvent :
- les multiples cérémonies avec gaspillage ;
- le maraboutage ;
- la perte de temps ;
- le mensonge ;
- la tromperie ;
- les superstitions ;
- les maléfices ;
- les mariages forcés ;
- les fêtes ;
- les recherches de compromis et d'aides non raisonnables ;
- etc.

Peut-être, certains d'entre vous me diront que vous avez trouvé vos parents et grands-parents faire certaines pratiques et vous les perpétuez à votre tour pour que celles-ci ne disparaissent pas et même vos parents étaient parfois dans l'erreur ou dans l'ignorance. Tous les prophètes ont été envoyés pour changer les croyances et ont rencontré d'énormes problèmes. C'est la raison pour laquelle, c'est un défi pour changer certaines ancrées en nous depuis des années, de façon héréditaire et par conditionnement neuro associatif. D'autres, apparemment sont bonnes.

Le meilleur moyen de vous en défaire est de vous poser les questions qui peuvent vous aider à aller de l'avant. Ces questions sont par exemple :

- quelles sont les croyances qui m'empêchent de produire des résultats durables dans ma vie ?
- Délaisser une telle croyance serait-elle un péché vis-à-vis de ma religion ?

La plupart d'entre vous économisent des années durant et gaspillent le fruit de cette économie en un jour et se retrouvent au point de départ pour continuer à souffrir. Avec cela, vous voulez éradiquer la pauvreté. Vous avez honte de faire certaines choses par peur du rejet et du qu'en dira-t-on, ou qu'on vous pointe du doigt.

Vous passez la plupart de votre temps à faire des choses que vous n'aimez pas, uniquement pour satisfaire votre entourage parfois même, en vous endettant lourdement.

Beaucoup de femmes vivent inutilement un stress durant leur grossesse, du seul fait d'imaginer de vouloir satisfaire les autres, en vivant au-dessus de leur moyen et en gaspillant toutes leurs économies. Elles poussent même leur mari à s'endetter et à continuer de s'engouffrer dans la pauvreté voire dans la misère, alors qu'il suffisait de faire l'équilibre et de chercher à investir afin de créer un lendemain meilleur. Personne ne peut atteindre l'indépendance financière en vivant au-dessus de ses moyens.

Au Sénégal, cette pratique est courante. Certaines femmes refusent de payer des médicaments pour leurs nouveaux nés en vue de préparer la cérémonie du baptême au cours de laquelle, elles recevront de l'argent. J'ai assisté à une discussion entre un pharmacien et une mère de famille qui venait d'accoucher. Cette dernière devait acheter un médicament pour elle et son enfant. Elle a décidé de ne pas acheter l'un des médicaments sous prétexte qu'elle doit économiser pour préparer son baptême. Elle doit inviter des personnes et qu'elle a besoin d'argent pour la fête. J'étais ahuri.

Tout cela par peur du qu'en dira-t-on, du rejet, de la stigmatisation des autres et non pour ce qu'elle devrait faire qui est en conformité avec sa religion qui nous a tant facilité les choses.

Il existe une pratique que l'on appelle le « ndawtal » qui consistait à cotiser pour les autres au moment de leur mariage ou baptême. Et que l'autre doit rembourser la cotisation en donnant la même somme ou plus ou le double de la cotisation qu'il avait donnée. Pour cette cause beaucoup de femmes s'endettent ou poussent leur mari à aller emprunter pour cotiser à leur place.

Une autre pratique que l'on appelle le « yebi » qui consiste à donner aux parents de l'époux des présents venant des beaux parents de telle sorte que la femme démunie ne voudrait même pas tomber enceinte. Au cas où elle tombe enceinte, elle va commencer à se stresser durant toute la période de la grossesse. Ce qui crée des conséquences désastreuses sur sa santé et sur celle de son l'enfant et même parfois sur son mariage.

D'autre maux sont causés par des croyances qui sont ancrées en vous par le conditionnement de vos parents, grands-parents et de votre environnement psychologique.

Pour sortir du lot, vous devez être prêt à être rejeté un moment donné, à être pointé du doigt, à faire fi de certaines croyances et pensées négatives qui vous empêchent de produire des résultats, etc. Comment peut-on vivre dans la joie avec ces pratiques qui parfois nous empêchent d'avancer ?

Chaque pays a ses pratiques dont certaines sont bonnes. Toute personne qui veut dormir tranquillement doit essayer, tant que c'est possible, de vivre dans la mesure de ses capacités. Et comme dit une partie du **Coran** dans la sourate **(LA VACHE verset 233)** :**« Nul ne doit supporter plus que ses moyens »** et aussi dans le **chapitre 65 - verset 7** : **«Que celui qui est dans l'aisance dépense de son aisance et que celui qui a reçu sa part de biens avec parcimonie dépense de ce que Dieu lui a donné. Dieu ne charge une âme que selon ce qu'il lui a donné (comme richesses)».**

> **Pour sortir du lot, vous devez être prêt à être rejeté à un moment donné, à être pointé du doigt, à faire fi de certaines croyances et pensées négatives qui vous empêchent de produire des résultats, etc.**

La peur

« La peur aggrave le mal sans y remédier ».

Antoine Claude Gabriel Jobert ; Le trésor de pensées (1852)

« Faites face à vos peurs et à vos doutes et de nouveaux horizons s'ouvriront à vous ». Robert Kiyosaki

La peur est un état d'esprit. Elle est l'un des plus grands fléaux qui fait échouer le plus de jeunes et elle a un effet destructeur. Pourquoi avoir peur ? La peur survient le plus souvent quand vous imaginez un danger et ceci vous paralyse et vous empêche d'entreprendre ce que vous voulez. Elle est votre adversaire le plus redoutable et vous rend misérable .Entretenir des pensées de peur détruit en vous l'énergie dont vous aurait besoin pour agir .Cette peur s'accentue si vous ne vous sentez pas bien et cet état d'esprit vous paralyse. Rayez la peur de votre vie, si vous voulez réaliser vos rêves et réussir tout ce que vous entreprenez.

Pour vaincre la peur, il faut agir, car le remède de la peur est l'action. Les peurs qui vous empêchent de réaliser votre potentiel, en même temps, vous empêchent d'évoluer :

- la peur du qu'en dira-t-on ;
- la peur d'exprimer ses idées, ses sentiments ou ses opinions ;
- la peur de demander ;

- la peur de dire non ;
- la peur de faire des erreurs ;
- la peur de la critique ;
- la peur du rejet ;
- la peur du changement ;
- la peur de s'affirmer ;
- la peur de l'échec ou celle de ne pas y arriver ;

Beaucoup de personnes sont mortes enterrées avec leurs objectifs par peur d'agir. D'où le célèbre adage « les endroits les plus riches de la terre sont les cimetières. »

Exemple de peur qu'il faut combattre :
- la peur de l'échec qui nous empêche de faire quoi que ce soit, de peur d'échouer ;
- la peur de prendre des initiatives ;
- la peur de poser des questions dont les réponses pourraient vous être utiles ;
- la peur de prendre la parole en public pour exprimer vos besoins.

La peur de la critique est ce qui empêche beaucoup de personnes à faire ce qu'elles aimeraient réaliser dans leur vie et empêche également des millions et des millions de rêves de voir le jour. Elle paralyse votre intellect, vous empêche de réfléchir et crée un désordre physiologique.

Si vous ne voulez pas être critiqué, ne faites rien et ne prenez pas de risque, soyez un béni oui-oui. Pour cela, préparez-vous à mourir comme une personne ordinaire. Gardez-vous de toute panique. Soyez toujours prêt à agir pour dissiper cette peur car l'antidote de la peur, c'est l'action.

> **La peur de la critique est ce qui empêche beaucoup de personnes à faire ce qu'elles aimeraient réaliser dans leur vie et empêche également des millions et des millions de rêves de voir le jour.**

Les influences négatives

« Vous êtes la moyenne des 5 personnes avec qui vous passez le plus de temps » Jim Rhon

« L'esprit est à l'image de l'environnement dont vous le nourrissez tout comme le corps est à l'image du régime que vous lui donnez ». David Schwartz

À longueur de journée, vous êtes influencés par votre entourage. Vous constituez toujours la moyenne des gens que vous fréquentez, d'où le proverbe suivant : « qui se ressemble s'assemble».

Si vous voulez réussir dans un domaine quelconque, vous devez être en compagnie de ceux qui veulent réussir dans ce même domaine. Si vous êtes souvent avec des gens négatifs, vous ne tarderez pas à être négatif vous aussi. Vous devez choisir d'être avec des gens positifs qui vous encouragent, vous motivent et vous inspirent à vous **surpasser**.

Un étudiant qui veut réussir dans le domaine du tourisme, ne peut passer son temps à fréquenter des étudiants en fabrication mécanique, ni demander conseil à un étudiant en sciences de la terre d'autant plus que les intérêts ne sont pas les mêmes. Donc, si vous voulez réussir, entourez-vous de gens qui veulent réussir et rapprochez-vous fortement des personnes qui ont fait des exploits dans le domaine de votre choix.

> **Si vous voulez réussir dans un domaine quelconque, vous devez être en compagnie de ceux qui veulent réussir dans ce même domaine.**

La jalousie

« Ne convoitez pas les biens par lesquels Allah vous a élevés les uns au-dessus des autres. Et demandez à Allah de Ses bienfaits» Sourate An-Nisaa'(Les femmes), 4, verset 32

La jalousie est l'un des obstacles qui peut vous empêcher d'avancer. La pire forme de jalousie qui existe est d'essayer de trouver une faille dans la réussite de quelqu'un ou de critiquer celui qui réussit. Critiquer ou dénigrer les gens qui ont réussi montre que vous êtes victimes de votre propre jalousie et il vous sera très difficile de les approcher pour leur demander le plus petit conseil. Il est plus sage de se rapprocher des personnes qui ont réussi et de les imiter car *la voie royale de la réussite est l'imitation* et l'observation afin d'arriver à la compétence inconsciente.

En guise d'exemple, le fait de voir une personne conduire sa voiture ; par jalousie vous vous dites qu'il ne le mérite pas. Cette forme de jalousie est beaucoup ressentie chez les élèves et les étudiants. Quand un élève ou un étudiant a une bonne note, ses pairs commencent à dire certains propos pour prouver que leur camarade ne mérite peut-être pas cette bonne note. Ils continuent à le dévaloriser.

Il est plutôt préférable de se rapprocher de cette personne si possible, de la complimenter, de la féliciter et peut-être un jour, elle trouvera les moyens de vous influencer à faire de même car n'oublions pas que vous constituez la moyenne des gens que vous fréquentez. Pour réussir, vous devez non seulement le souhaiter aux autres, mais aussi travailler pour l'atteindre.

> **Critiquer ou dénigrer les gens qui ont réussi montre que vous êtes victimes de votre propre jalousie et il vous sera très difficile de les approcher pour leur demander le plus petit conseil.**

Une mauvaise alimentation

Les deux plus grands régimes qui peuvent influer sur votre vie sont le régime mental et le régime alimentaire.

Le régime alimentaire consiste à contrôler tout ce que vous ingérez dans votre organisme. Les aliments non combinables créent des problèmes gastriques, de même que les aliments industrialisés. Les meilleurs aliments sont ceux qui sont vivants c'est-à-dire ceux issus de l'interaction entre l'air, le soleil, le sol et l'eau. L'alimentation vivante est une alimentation constituée de nourriture 100 % naturelle. Des végétaux non traités, non issus de manipulations génétiques. Exemple : les fruits et légumes crus et fraîchement cueillis. Nous devons en consommer chaque jour. Dans son livre *Le moine qui vendit sa Ferrari*, Robin Sharma parle des moines de l'Himalaya qui gardent leur jeunesse parce qu'ils évitent toute inquiétude, mangent des aliments vivants, maîtrisent leur corps. Si vous voulez aussi avoir de la volonté, de la souplesse d'agir, de travailler efficacement, vous devez pouvoir vous abstenir de manger à satiété.

L'abondance excessive d'un repas, conduit toujours à la somnolence et à la survenue de nombreuses maladies. Le jeune qui veut utiliser toutes ses capacités pour passer à l'action doit, après le repas, se sentir souple et léger. C'est l'une des conditions indispensables pour produire des résultats.

Sans santé, vous ne pouvez-vous réaliser et les causes de maladies sont nombreuses. Celles principales sont à savoir et à éviter autant que possible. Parmi ces causes nous avons :
- Les pensées négatives qui engendrent le stress et qui favorisant les pertes d'énergie ;
- L'intempérance ;
- une mauvaise alimentation ;
- une mauvaise respiration ;
- le manque d'exercices physiques.

> **Les meilleurs aliments sont ceux qui sont vivants, c'est-à-dire ceux issus de l'interaction entre l'air, le soleil, le sol et l'eau. Exemple : les fruits et légumes crus et fraîchement cueillis.**

Sortir de sa zone de confort

« Sortez de votre zone de confort. Vous ne pouvez croître que si vous êtes disposé à vous sentir maladroit et mal à l'aise lorsque vous essayez quelque chose de nouveau. »
Brian Tracy

La zone de confort, c'est cette sorte de cocon dans lequel une personne estime qu'il est dans le bonheur. Elle se complait dans cette routine en pensant que la vie s'arrête là. Elle ne sait pas qu'il y a des choses à l'extérieur de ce cocon. Une vie sans défi est une situation monotone.

La plupart d'entre vous vivent dans leur zone de confort et mènent une vie stagnante voire en régression car si vous n'avancez pas, le monde évolue. Ce comportement a pour cause la peur du changement, de l'inconnu, des critiques, du risque et finalement on se referme sur soi.

Vous devez savoir que pour grandir, pour vous renforcer et pour vous élever, vous devez affronter l'adversité car il n'y a pas de réussite sans une petite dose d'elle. Cette dernière n'aura lieu que si vous sortez de votre zone de confort. Le meilleur moyen de sortir de votre zone de confort est de faire des choses positives dont vous n'avez pas envie, de poser des actes qui peuvent vous amener à une meilleure situation et à **vous surpasser.**

Prenez la décision de faire chaque jour des actions difficiles et inhabituelles ou étudiez d'autres domaines qui ont des liens avec vos objectifs .Vivre dans votre zone de confort, ne vous donne ni envie ni la motivation de vous lever le matin.

Vivre dans «l'eu-stresse» est ce qui fait grandir et le «eu-tresse» est, cette tension qui vous habite quand vous voulez faire quelque chose de positif et d'inhabituel. C'est cette tension que vous devez tous vivre chaque jour, autrement, vous êtes en danger.

C'est simple de ressentir la sensation. Pour les étudiants, à chaque fois qu'un examen est programmé, ils vivent cette tension, cette dernière les pousse à apprendre et à faire des recherches.

L'athlète qui est en compétition vit l'« eu-stresse » car il doit s'entraîner et qui dit entraînement, dit croissance, renforcement, apprentissage et contribution. C'est le but de la vie. Sortez de votre zone de confort et lancez-vous dans le monde des défis car rester dans votre zone de confort, c'est vous sentir bien sans chercher à vous surpasser. Vous ne sentirez aucun stress positif vous poussant à entreprendre et à relever des défis.

Tant que vous vous habituez à faire les mêmes choses, à un moment donné vous vous lancez dans la routine, vous n'aurez pas la possibilité de réaliser votre potentiel.

Ayez l'intention de découvrir de nouvelles choses et de relever de nouveaux défis, vous gagnerez en confiance et cela, vous poussera à prendre de nouvelles décisions. La confiance en soi appelle la confiance et au fur et à mesure que vous avancez, vous éliminerez vos craintes et vous aurez beaucoup plus d'expériences et de créativité. Sortir de votre zone de confort, vous donne l'assurance à entreprendre.

> **Ayez l'intention de découvrir de nouvelles choses et de relever de nouveaux défis, vous gagnerez en confiance et cela, vous poussera à prendre de nouvelles décisions.**

Gérer l'écran qui se trouve chez vous : La télévision.

« **Dans notre société, nous sommes devenus trop passif et acceptons ce que la radio, la télévision, les médias et les modes nous imposent** ». L'art de la simplicité –Dominique Lormeau

La télévision est l'un des fléaux qui, mal exploitée, peut vous conditionner à l'échec. Elle vous empêche parfois de réfléchir car elle vous livre suffisamment d'informations.
Elle vous prive de cette activité cérébrale qu'est la lecture.
Il y a des émissions et des films qui, en effet, ne vous apportent absolument que de la démence ; ils vous conditionnent à l'échec que vous en soyez conscient ou non, c'est une vérité qui ne peut être réfutée. Il est temps de décider de se créer un lendemain meilleur.

Si vous connaissiez les effets de la suggestion des médias, vous les éviteriez car ils peuvent reprogrammer votre cerveau. Il y a des moments où vous êtes exposés aux effets des publicités. Il serait utile de choisir ce que vous regardez en prenant un carnet pour noter les émissions et films à contenus instructifs, leurs heures et leurs jours afin d'en profiter et d'arrêter tout le reste.
La télévision a d'autres effets tels que :

- la diminution de la communication car à force de vous concentrer, vous ne vous souciez plus de votre entourage. Cela a le même effet que les téléphones portables Android, ou les smartphones ;
- l'obésité par manque d'activité ;
- la dégradation de la sexualité ;
- la violence à force de regarder des scènes de violence.

Les méfaits sont nombreux et pour en savoir davantage, nous vous invitons à lire ***TV lobotomie - La vérité scientifique sur les effets de la télévision*** de Michel Desmurget.

À la place de certaines émissions, il est préférable de lire un livre, d'étudier un sujet, ou d'aller faire du sport. Ce constat en est que quelqu'un qui a un objectif ne perdra pas de temps à regarder ce qui est inutile et qu'il saura s'orienter en fonction de ce qu'il veut réaliser dans sa vie.

> **Il y a des émissions et des films qui, en effet, ne vous apportent absolument que de la démence ; ils vous conditionnent à l'échec, que vous en soyez conscient ou non, c'est une vérité qui ne peut être réfutée. Il est temps de décider de se créer un lendemain meilleur.**

TROISIEME PARTIE

LES FACTEURS FAVORISANT LA REUSSITE ET L'EXCELLENCE

L'ambition

« Il faut **être ambitieux, mais il ne faut pas se tromper d'ambition** ». – Jacques de Bourbon-Busset

« Gardez toujours à l'esprit que votre propre décision de réussir est plus importante que n'importe quoi d'autre. »
Abraham Lincoln

L'ambition est un état d'esprit. Beaucoup de personnes ne la nourrissent pas et du coup elles n'exploitent pas leur potentiel. Elle est le moteur de la vie et elle consiste à vouloir. C'est être à la recherche d'une vie meilleure.

Elle se manifeste dans les actes. C'est le désir de se surpasser. Ce n'est pas être en compétition ni viser à détruire son prochain, mais plutôt chercher à s'élever en apportant sa pierre à l'édifice. Avoir de l'ambition, c'est chercher à avoir une vie décente, à s'engager dans l'excellence, à élever ses normes personnelles afin de se tailler une vie sur mesure et à être utile à son prochain.

Sans ambition, vous resterez dans la médiocrité, pire, vous serez la proie des autres. Je me rappelle avoir écouté un jour, un des présidents africains dire que si quelqu'un manque d'ambition, il doit aller creuser sa tombe et attendre qu'on l'y amène.

L'ambition de s'élever au-dessus de la médiocrité est le devoir de tout un chacun. Vous devez avoir de nobles aspirations et visez plus loin et plus haut pour réaliser votre potentiel. Il est bon de rêver pour espérer réaliser quelque chose. L'ambition noble se cultive dans le milieu où vous vivez et elle naît des influences positives.

Il doit rêver de faire quelque chose de grand et de faire toujours son possible pour que ses actes concrétisent son ambition.

> **L'ambition de s'élever au-dessus de la médiocrité est le devoir de tout un chacun. Vous devez avoir de nobles aspirations et visez plus loin et plus haut pour réaliser votre potentiel.**

L'autodiscipline

« La capacité à se discipliner pour reporter une gratification immédiate afin de profiter de plus grandes gratifications futures est une condition impérative de la réussite ».
– Brian Tracy

« Le pouvoir de l'homme de cheminer vers un mieux-être réside dans ses efforts répétés chaque jour. C'est la maîtrise de ces petites choses qui vous donnera la possibilité de maîtriser les grandes ». Omraam Mikhaël Aïvanhov

L'autodiscipline est un état d'esprit. La différence entre ceux qui réalisent leurs rêves et ceux qui ne les réalisent pas n'est ni avec l'intelligence ni avec les diplômes. C'est que les premiers aiment ce qu'ils font et ils sont disciplinés à passer à l'action. L'autodiscipline vous procure beaucoup de choses et fait de vous l'homme de la situation. Seule l'autodiscipline vous permet de rester dans la constance et de réaliser vos objectifs. Sans elle, vous ne pouvez aller ni de l'avant, ni réaliser vos objectifs.

L'autodiscipline consiste à faire ce que vous devez faire malgré les difficultés et les obstacles tout en sachant que les objectifs poursuivis peuvent vous procurer un sentiment d'accomplissement, de bonheur, un sentiment d'importance pour votre famille, pour la société et pour Dieu.

C'est un outil qui vous permet de ne pas abandonner, d'être constant, d'aller de victoire en victoire. Donc c'est l'une des bases de la réalisation de vos objectifs. Elle peut vous aider à vous surpasser et à changer vos habitudes les plus difficiles. Elle peut vous aider à faire disparaître une mauvaise situation.

Vous pouvez développer votre autodiscipline en pratiquant du sport car ce dernier n'étant pas aisé, demande de l'autodiscipline.

S'attaquer aux travaux si insignifiants soient-ils, de s'y tenir malgré votre envie d'abandonner relève aussi de l'autodiscipline.

Se lancer des défis et éviter de revenir en arrière ou de développer l'habitude d'échouer en abandonnant nécessite une endurance et une résistance à certains désirs. Poussez vos limites à chaque fois que vous croyez être à bout d'efforts.

Vous devez chercher à dépasser ce premier souffle pour chaque action si vous voulez être discipliné. Levez-vous, agissez, ne perdez pas une minute pour passer à l'action. Pensez à la manière de faire pour vaincre la paresse dont nous parlerons dans les pages suivantes.

> **Se lancer des défis et éviter de revenir en arrière ou de développer l'habitude d'échouer en abandonnant nécessite une endurance et une résistance à certains désirs.**

Motivation

« La plus grande erreur que vous puissiez faire, dans la vie, c'est d'avoir peur de faire des erreurs ».
John Fitzgerald Kennedy

« **Tenez-vous à l'écart des gens qui freinent vos ambitions. Les petits esprits font toujours cela. Les plus grands esprits seuls vous font sentir que vous aussi, pouvez devenir grand** ». **Mark Twain**

La motivation est un état d'esprit et elle doit être intrinsèque. Beaucoup passent à côté de leur vie sans réaliser quoi que ce soit parce qu'ils procrastinent en attendant le meilleur moment.

Beaucoup de désastres sont causés par les excuses. Le plus souvent, vous n'avez pas appris à assumer la pleine et entière responsabilité de votre vie. Pour éviter certains événements de se produire, vous devez commencer à prendre votre vie en main.

L'explication est simple ; une fois que vous vous dites que ce qui s'est passé est indépendant de votre volonté, vous n'allez jamais essayer de faire quelque chose pour apporter des changements. Bon nombre de jeunes trouvent des tas d'excuses pour justifier leur inaction. Il existe plusieurs formes d'excuses qui prouvent votre manque de motivation. Exemples d'excuses :

- procrastiner qui est le fait de remettre son travail à

plus tard ;
- abandonner rapidement et ne pas réessayer ;
- expliquer ses échecs en jetant le blâme sur les autres ;
- prétendre avoir essayé et que rien ne marche ;
- le manque d'emploi ;
- l'environnement non favorable ;
- les medias ne disent pas la vérité ;
- les professeurs, les médecins ne font pas bien leur travail ;
- ou bien c'est telle personne qui me barre la route ;
- etc.

La motivation réveille un désir de s'engager dans une activité. Pour être motivé, il faut avoir un objectif grand en tête. Il vous faut aimer ce que vous faites, croire en vos capacités, trouver aussi des raisons qui vous poussent à passer à l'action, croire que vous pouvez y arriver et ne pas se laisser envahir par des pensées négatives. Dites-vous que vous avez réalisé beaucoup de choses plus importantes que la tâche qui est devant vous et que ce n'est pas aussi difficile que vous le croyez.

Vous devez croire que le fait de passer à l'action peut changer votre vie et vous ouvrir d'autres opportunités. Permettez-vous d'avoir quelque moment de baisse de motivation à cause des erreurs, d'un résultat non voulu, que cela fait partie du processus d'apprentissage pour avoir de l'expérience et aller de l'avant. Mais ne cédez pas au découragement car celui-ci vous conduit à l'abattement. Pour être motivé, vous devez avoir de bonnes intentions. Récompensez-vous si vous atteignez un objectif, cela augmentera votre motivation. Faites des pauses quand vous vous sentez fatigué et changez de sujets. Éloignez-vous des gens qui sucent votre énergie et qui vous démotivent. Restez en compagnie de ceux qui vous encouragent et vous motivent. Cherchez des connaissances qui vous aideront à vouloir réaliser et agir car sans connaissances vous perdez toute possibilité de vous motiver et d'agir.

Chercher des réponses à plusieurs questions vous donnera la motivation dont vous avez besoin. Posez-vous les questions suivantes et trouvez les réponses :

- qu'est-ce que je veux réellement réaliser ?
- jusqu'où puis-je aller pour réaliser mes rêves ?
- sachant que la vie est courte, quel genre de vie voudrais-je vivre ?
- qu'est-ce que je veux que mon Dieu dise de moi à ma mort ?
- qu'est ce je veux apporter au monde ?
- quelle vie voudrais-Je vivre dans 5 ans voire dans 10 ans ?
- comment vais-je vivre ma vie afin de créer un lendemain meilleur ?

- si je ne travaille pas maintenant, ne souffrirai-je pas à l'avenir ?
- atteindrai-je l'indépendance financière ?

Quel sentiment voulez-vous vivre pour les années à venir ? Voulez-vous être un fardeau pour les autres ou voulez-vous faire partie des gens qui aident ou qui apportent leur soutien à la société ?

Montrez aux personnes que vous pouvez réussir. Ne laissez jamais les gens vous dire que vous êtes jeunes ou vieux pour réaliser vos rêves. Que l'âge de la retraite de votre pays ne vous arrête pas de vous fixer des objectifs. On n'est jamais trop jeune ou vieux pour mieux faire.

Durant toute votre vie, si vous ne croyez pas à votre potentiel, vous n'allez rien réaliser qui vaille la peine d'être réalisé. La réussite c'est la poursuite d'un objectif qui en vaut la peine.

Faîtes tout votre possible. N'abandonnez jamais si vous devez travailler plus, faites-le. Osez être différent. Ne suivez pas la masse et n'ayez pas peur du rejet. Nourrissez-vous de votre rêve pour aider votre subconscient.

Il y aura toujours des moments de douleurs, mais vous devez continuer malgré la souffrance. Cette dernière ne dure pas. Si on est constant, on y arrivera. Si les autres ont réalisé leurs rêves, vous aussi, vous pouvez matérialiser les vôtres. Si vous ne cherchez pas à atteindre vos objectifs, si vous ne cherchez pas à transformer votre vie, vous n'allez pas évoluer ni vous épanouir. Vous allez avoir des regrets et vous resterez dans la dépression durant le restant de votre vie. Même si c'est dur, vous pouvez réussir. Sacrifions les plaisirs immédiats pour vivre le bonheur qui dure. Beaucoup d'entre nous ne savent pas ce qu'ils veulent. Donc cela veut dire qu'ils ne vont pas réaliser leur potentiel et finalement ils meurent sans réaliser Leurs rêves.

Dans la vie, il n'y a que deux choix : soit vous payez maintenant et vous vous amusez plus tard ou vous vous amusez maintenant et vous payerez plus tard. Prenez la ferme décision de ne plus subir les circonstances négatives de la vie. Créez vos propres circonstances et votre propre destinée. N'ayez pas la peur d'être rejeté.

Répétez ces phrases qui suivent chaque jour pendant plus de trois semaines et relisez-les à chaque fois que vous perdez votre motivation.
- Je vais réaliser mes objectifs et je ne laisserai jamais aux autres venir me cracher au visage en me disant que mes rêves sont impossibles à réaliser.
- Je prends des initiatives.
- Je ne crains pas de prendre des décisions.
- Si je ne crois pas en moi, qui d'autre va croire en moi ?
- Je m'engage dans l'excellence.
- J'élimine les doutes de ma vie.

- J'apprends des autres.
- La réussite demande des engagements et des sacrifices.
- Je veille la nuit si nécessaire.
- Je me relève à chaque fois que je tombe et je refuse de rester à terre.
- Je me nourris de défis et de courage.

> **Dans la vie, il n'y a que deux choix : soit vous payez maintenant et vous vous amusez plus tard ou vous vous amusez maintenant et vous payerez plus tard. Prenez la ferme décision de ne plus subir les circonstances négatives de la vie.**

La confiance et l'estime de soi

"Si une personne avance avec confiance vers ses rêves, et qu'elle anticipe de vivre la vie qu'elle a imaginée, elle connaîtra un succès inattendu en peu de temps." - Henri David Thoreau

"Une des clés du succès est la confiance en soi, une des clés de la confiance en soi est la préparation". Arthur Ashe

La confiance et l'estime de soi étant un état d'esprit, sont jumelles. L'estime que vous avez de vous peut affecter négativement ou positivement votre confiance en vous. L'estime de soi se travaille petit à petit en travaillant sur nos qualités et nos talents. Le doute et la peur sont les premiers ennemis de la confiance en soi. Passer à l'action est l'un des meilleurs moyens d'augmenter la confiance et l'estime de soi.

Beaucoup de personnes ont des regrets aux derniers moments de leur vie. Elles n'ont pas osé faire ce qu'elles auraient aimé faire par ce qu'elles avaient peur du rejet, des critiques. Elles ont laissé des années entières filer entre leurs doigts.

Pour passer à l'action, produire des résultats, arriver à changer certains aspects de votre vie, il vous faut avoir une bonne estime de vous-même. L'estime que vous avez de vous-même est proportionnelle à ce que vous allez réaliser dans votre vie.

L'estime de soi, c'est la façon dont vous vous percevez, la façon dont vous voulez aussi que les autres vous perçoivent.

Vos actions ne peuvent aller au-delà de l'estime que vous avez de vous-même, de ce que vous pensez de vous-même. Votre jugement détermine vos actions. Tous les facteurs qui sapent en général votre estime sont dans un environnement négatif. Celui-ci est constitué de parents qui vous aiment certes, mais vous conditionnent parfois négativement. Les amis, les médias, et en partie l'école, participent à ce découragement. Mais après avoir vécu des expériences négatives, cela peut aussi vous donner une mauvaise estime de vous-même.

Modelez votre vie à la vie des gens qui ont réussi dans le domaine de votre choix, c'est-à-dire imitez ceux qui ont réussi par la production de résultats.

Augmentez votre estime de vous-même en suivant ces points :

- Dites-vous que vous êtes important.
- Pensez que vous valez bien plus que ce que vous croyez car vous avez au moins quelque chose dans la tête. Dans certaines circonstances, vous êtes utiles aux autres.
- Mettez en place de petits objectifs que vous savez pouvoir atteindre et augmentez au fur et à mesure d'autres défis plus grands que les précédents.

- Essayez de vous inscrire dans une association ou dans un groupe où vous vous efforcerez d'occuper des postes de responsabilité de quelques activités.
- Votre estime augmente aussi en aidant, ou en essayant d'apporter des solutions aux problèmes de votre entourage.
- Intéressez-vous aux autres. Pour cela, je vous recommande de lire *Comment se faire des amis* de Dale Carnegie. *C*'est un livre fantastique qui peut vous aider à augmenter l'estime de vous-même qui se développera en fonction de votre personnalité et l'intérêt que vous portez aux autres.
- Énumérez toutes les causes qui prouvent que vous devez avoir une bonne estime de vous-même, notamment les choses que vous avez réalisées dans le passé. À chaque fois que vous croyez avoir une mauvaise estime de vous-même, pensez à vos réalisations passées. Dites-vous que si d'autres ont pu réaliser certaines choses dans leur vie, ce n'est point parce qu'ils sont plus intelligents que vous. Alors, vous pouvez vous aussi arriver à ce résultat.
- Se répéter de petites phrases pour reprogrammer votre subconscient à avoir une bonne estime de soi. Lire des livres qui vous donnent l'estime et le courage des gens qui vous ont précédé.

La confiance en soi est en relation avec l'estime de soi. Avoir de l'audace pour réaliser ses rêves. La confiance s'apprend et tout le monde peut la développer. Elle n'est donc pas innée.

Elle est cette perception que nous avons de nous-mêmes face aux événements.

Enlevez ce discours mental qui vous dévalorise par des pensées négatives telles que :
- je ne suis pas intelligent
- je ne vais pas réussir
- je suis petit
- Je vais échouer
- Je suis jeune
- Je suis vieux

Posez des actions que vous pouvez réussir au quotidien, jour après jour, développe la confiance car la réussite appelle la réussite.

Vous renforcez ce sur quoi vous cous concentrez. Plus vous portez votre attention sur les choses qui prouvent que vous n'avez pas confiance en vous, plus vous renforcerez ce manque de confiance. Plus vous vous concentrez sur des actions que vous avez réussies, plus vous développerez votre confiance en vous. Suivez ces étapes pour augmenter votre confiance en vous-même :
- Apprenez à vous exprimer avec vos amis ou inscrivez-vous à une association dans laquelle vous postulerez pour

occuper des responsabilités. C'est l'un des meilleurs moyens de développer la confiance en soi.
- Prenez l'initiative de faire les choses en premier dans le bon sens.
- Développez votre physique et soignez-vous. S'habiller correctement augmente aussi la confiance en soi.
- Saluez les gens d'une poignée de main ferme.
- Pratiquez l'audace positive. Sachez vos points forts.
- Adressez-vous aux autres ou osez aller vers eux.
- Regardez les gens en face quand vous discutez avec eux. Si vous avez du mal, faîtes appel à un coach.

Faîtes le premier pas pour réaliser vos rêves. Ne subissez pas, choisissez ce que vous voulez vivre. Si vous voulez que votre vie soit meilleure, vous devez le décider. Vous pouvez échouer temporairement mais relevez-vous et recommencez. Croyez que vous allez y arriver. Il est obligatoire de faire des sacrifices« *Que vous vous en croyez capables ou non, dans tous les deux cas vous avez raison* » disait Henri FORD. Tout le monde ne sera pas d'accord avec vous, mais n'écoutez pas les gens toxiques.

La différence entre les gens qui réussissent et ceux qui échouent réside dans la capacité de prendre des décisions de passer à l'action. Être dans l'action et non dans la réflexion, c'est ce qui fait la différence. Si vous ne passez pas à l'action, vous allez mourir comme une personne ordinaire, une personne qui n'a rien fait pour l'humanité. Donc qui va pleurer quand vous irez de l'autre côté ?

> **Faîtes le premier pas pour réaliser vos rêves. Ne subissez pas, choisissez ce que vous voulez vivre. Si vous voulez que votre vie soit meilleure, vous devez le décider.**

Le courage

« Celui qui abandonne se voit laisser ses rêves et son bonheur anéantis, faute de son courage. » [David Cloutier]

« Le pire ennemi du courage est la peur elle-même et non ce qui la cause ; l'homme qui peut maîtriser ses peurs est un héros. » [George Macdonald]

Le courage est un état d'esprit et l'un des facteurs importants de la réussite. Il vous donne la force d'agir. Il n'est pas l'absence de peur mais la possibilité d'affronter ce que vous croyez craindre. Pour avoir le courage, il est nécessaire de faire ce que vous craignez pour affronter votre peur. Le courage vous aide à poursuivre vos rêves sans abandonner. Le manque de courage vous fait perdre beaucoup d'opportunités et vous empêche d'agir. Cette inaction vous conduit toujours à l'échec et crée des regrets dans votre vie. Le courage, source de bravoure, consiste à avoir une attitude positive. Il nourrit votre confiance en vous-même et vous aide à anéantir les difficultés. L'absence de courage vous pousse à trouver des excuses afin de ne pas agir.

Il vous déshonore, vous rend insignifiant devant vos semblables et vous ôte l'opportunité de devenir un leader.

En guise d'exemple : ayez le courage de parler en public et de prendre des initiatives. Être courageux, c'est penser par vous-même, d'aller jusqu'au bout de vos pensées et de servir les autres autant que vous le pouvez. Accepter de faire la différence avec détermination en dépit des oppositions. Être un agent de changement et non un agent utilitaire.

L'hésitation permanente vous ôte le courage. Mais le meilleur moyen, c'est de programmer votre subconscient en répétant toujours des affirmations positives et en agissant à chaque fois qu'il est possible de le faire. Pour acquérir le courage, vous devez agir et faire fi des peurs qui vous hantent. Le courageux a une forte chance d'être parmi les futurs leaders. Être courageux, c'est décider d'aller au bout de ce que vous entreprenez. Il consiste à oser prendre des risques mesurés tout en avançant tranquillement sans perdre espoir. Les pensées de peur et d'échec ne peuvent se transformer en pensées de courage et de réussite. Le courage de prendre sa vie en main est le devoir de tout un chacun.

Reprogrammer votre cerveau en répétant ces affirmations pour avoir du courage :

- « Je suis courageux, je n'abandonne jamais ce que j'ai entrepris »
- « J'utilise tous les moyens nécessaires licites et légaux pour arriver à réaliser mes objectifs ».
- « Chaque jour, j'avance d'un pas avec courage »

> **Être courageux, c'est décider d'aller au bout de ce que vous entreprenez. Il consiste à oser prendre des risques mesurés tout en avançant tranquillement sans perdre espoir.**

La persévérance

«Si tu ne peux pas voler, alors cours. Si tu ne peux pas courir, alors marche. Si tu ne peux pas marcher, alors rampe, mais quoi que tu fasses, tu dois continuer à avancer».

Martin Luther King

"Ce n'est pas la force, mais la persévérance, qui fait les grandes œuvres." [Samuel Johnson]

Ne pleurons pas en abandonnant mais pleurons en continuant ! Vous devez croire que si vous continuez à travailler sur votre objectif, un jour, vous pourrez l'atteindre. Personne ne doit être pointé du doigt car le premier principe de la réussite est d'assumer la pleine et entière responsabilité de sa vie et que tout ce qui vous arrive est dû à ce que vos mains ont préparé. *Le seul endroit où la peur existe, c'est dans les pensées* à propos du futur. C'est votre imagination qui la produit. Si vous voulez vaincre cette peur, vous devez continuer à investir en vous-même et à agir car le remède de la peur réside dans l'action et la persévérance. Ne pas abandonner malgré les difficultés, c'est persévérer. Stephen Covey disait dans son livre intitulé *les sept habitudes de ceux qui réalisent tous ce qu'ils entreprennent* que : « la réussite ne s'atteint pas avec les recettes d'un jour. Elle s'acquiert peu à peu sur des principes justes immuables ».Il n'y a que ceux qui prennent le risque d'aller loin qui reçoivent des coups. Si vous savez ce que vous voulez, alors allez le chercher, mais vous devez être prêt à prendre des coups afin de renforcer votre mental. Ce que les gens pensent de vous ne doit pas spécialement devenir votre réalité. Trop porter votre attention aux paroles des autres vous empêche de réaliser vos rêves. Le fait de perdre votre temps à vouloir démontrer à tout le monde que vous avez raison mène à des incompréhensions, des frustrations qui, en retour, vous usent inutilement. Votre vie ne dépend que de ce que vous voulez en faire. Vous pouvez vous améliorer si vous investissez en vous-même. Vous devez aussi demander conseil aux gens qui ont déjà fait des exploits. Les erreurs sont inévitables. Il est beaucoup plus intéressant d'avancer lentement en faisant des erreurs que de rester à ne rien faire. Même si personne ne croit en votre succès, vous, vous devez de croire en vous-même. Dans son livre ***réfléchissez et devenez riche***, Napoléon Hill nous enseigne comment cultiver la persévérance en huit points que-voici-ci :

- ✓ *Avoir un objectif*
- ✓ *Avoir un désir*
- ✓ *Avoir la foi et la conviction*
- ✓ *Définir des plans précis*
- ✓ *Avoir les connaissances nécessaires*

- ✓ *Vivre dans l'interdépendance*
- ✓ *Avoir la volonté*
- ✓ *Cultiver l'habitude*

> **Ce que les gens pensent de vous ne doit pas spécialement devenir votre réalité. Trop porter votre attention aux paroles des autres vous empêche de réaliser vos rêves.**

Le pouvoir de la volonté

« Vous devez avoir un problème à résoudre ; un mal que vous voulez transformer en bien » Steve Jobs

« La vie de l'homme dépend de sa volonté ; sans volonté, elle serait abandonnée au hasard ». Confucius

La volonté est primordiale pour avoir la détermination. Elle est la raison qui vous pousse à orienter vos pensées vers un objectif dans le but de l'atteindre. Elle naît du désir d'obtenir quelque chose. Elle est comparée au volant d'une voiture qui vous oriente vers une destination bien déterminée. Sans la volonté, votre bagage intellectuel ne vous sera pas d'une grande utilité et vous ne pourrez jamais saisir les opportunités qui se présenteront à vous. La volonté est l'un des principaux facteurs qui peut pousser un homme à agir. Pour pouvoir, il faut en partie vouloir, je dis bien en partie. Cette volonté est limitée. Combien de personnes veulent changer une habitude ? Combien de personnes ont des objectifs qu'elles veulent atteindre ? Mais combien y parviennent ? Et pourtant la volonté ne leur fait défaut. Mais cette dernière doit être complétée par la motivation et l'imagination pour que vous puissiez passer à l'action. La motivation et la volonté constituent votre attitude. Vous pouvez reprogrammer votre subconscient en répétant certaines affirmations pour passer de la volonté à l'action.

- « Je persévère toujours dans tout ce que j'entreprends».
- « Je fais tout ce qui est mon possible pour atteindre mes objectifs».
- « J'ai une forte volonté, je suis déterminé et je décide de réussir».
- « Je renforce ma volonté jour après jour et je pose des actions qui le prouvent».

> **La volonté est la raison qui vous pousse à orienter vos pensées vers un objectif dans le but de l'atteindre. Elle naît du désir d'obtenir quelque chose.**

L'action

"Être l'homme le plus riche du cimetière ne m'intéresse pas. Aller coucher le soir en me disant que j'ai fait des choses extraordinaires aujourd'hui, voilà ce qui compte."
Steve Jobs. Wall Street Journal (1993)

Pour produire des résultats, vous devez comprendre que la théorie n'a que peu de valeur. La différence entre ceux qui produisent et ceux qui ne produisent pas c'est l'action. Quand vous voulez réaliser quelque chose, trop penser ou trop parler ne fait que retarder le passage à l'action. Même si le début est difficile, vous devez continuer pour vaincre les débuts difficiles car vous devez savoir que la vie ou tout projet ressemble à un avion. L'avion vainc la loi de gravitation avant de s'envoler comme un oiseau.

Le début de toute action est difficile mais dès que vous franchissez les premiers pas, tout devient comme un jeu. Toute richesse obtenue sans action doit être accompagnée d'un travail dur pour le conserver ; sinon, cette richesse est vouée à disparaître. « Si vous héritez d'un million, vous devez travailler à devenir un millionnaire », disait Jim Rhön dans son livre *stratégie de prospérité*.

Pour cela, vous devez éviter de créer des excuses car la plupart de ces excuses sont les causes de vos insuccès.

Vous devez agir le plus rapidement possible si vous voulez vous tailler une vie sur mesure. Vous passez votre temps à planifier. Et à chaque fois, vous attendez le bon moment alors que d'après un proverbe chinois le meilleur moment pour planter un arbre, c'est il y a 20 ans, sinon vous devez le planter maintenant. Si vous n'agissez pas, vous ne saurez jamais ce qui ne marche pas et ce qui marche. Arrêtez ce discours mental qui vous dit que vous n'en êtes pas capable. Gardez le moral !

Les facteurs qui peuvent saper votre moral en cas de non obtention de ce que vous voulez sont en général la culpabilité, le découragement, la colère, les peurs, les remords, les regrets et du fait de mal interpréter les circonstances qui se présentent à vous. Beaucoup de choses peuvent vous arriver mais par une mauvaise compréhension de la vie, vous vous laissez envahir par toute sorte de frustrations qui vous pompe votre énergie. Vous finissez par abandonner. N'oubliez pas que ce qui ne vous tue pas vous rend fort et que tout est leçon et expériences. Il suffit seulement de faire tout votre possible pour ne pas répéter et encore les mêmes erreurs car il n'y a pas d'échec si vous apprenez de vos erreurs.

Loi fondamentale à adopter pour espérer atteindre nos objectifs

- La première chose à faire est naturellement de clairement définir ce que vous voulez obtenir.

- Élaborer un plan précis et facilement exécutable.
- Énumérer les contraintes qui empêchent d'avancer
- Passer à l'action
- Rester souple
- Constater les résultats
- Réajuster si nécessaire
- Agir de nouveau

Prenez l'habitude de vous lancer des défis et plus important encore, récompensez-vous après avoir fourni de très grands efforts pour vous donner la motivation de vous relancer d'autres défis. Assumer la pleine et entière responsabilité de tout ce que vous faites. Votre manque de production de résultats est dû aux nombreuses excuses.

> **Vous devez agir le plus rapidement possible si vous voulez vous tailler une vie sur mesure.**

Apprendre à devenir leader

« Vous n'avez pas besoin d'un titre pour être un leader »
Mahatma Gandhi

« Si vos actions inspirent les autres à rêver davantage, apprendre davantage, faire davantage, et devenir davantage, vous êtes un leader ». John Quincy Adams

Le leadership, c'est la capacité d'influencer les autres. Que cette influence soit négative ou positive c'est du leadership. Nous parlons bien de cette l'influence positive qui peut vous élever et faire grandir les autres. Le leadership commence toujours par le sens de l'initiative. Faire plus que ce que l'on vous demande de faire et faire aussi plus que ce pour quoi vous êtes payés. Si vous voulez faire la différence, gagner la confiance des gens qui vous entourent, vous devez accepter de vous sacrifier pour les autres car le leadership demande des sacrifices. Il demande que vous ayez une vision claire et de s'y tenir jusqu'à sa réalisation.

Je viens de regarder le film de Mandela (un long chemin vers la liberté. ce qui prouve toujours que pour graver son nom dans l'histoire, il faut de gros sacrifices et de grands risques. Lisez cette citation de **Thomas Paine** : «Ce que nous obtenons trop facilement, nous l'estimons très faiblement. C'est la cherté seule qui donne à toute chose sa vraie valeur et Dieu sait comment apposer un juste prix à chacun de ces biens».

Si vous avez de grandes aspirations, soyez prêts à faire de grands sacrifices et à prendre de grands risques. Ces éléments sont le baromètre de votre réussite : Le leadership demande du courage, d'accepter les responsabilités et de vouloir exceller dans le domaine de son choix. Proposez des idées visant à des changements positifs. Vous devez parfois faire fi de certaines croyances négatives et avoir l'habitude de prendre des décisions qui peuvent changer des situations dans le bon sens. Cherchez à faire de votre vie un exemple car les gens ne vous suivront jamais si ce que vous êtes et ce que vous avez les laissent indifférents.

Le leader saura gérer ses émotions, aimer ce qu'il fait comme travail, prendre des risques calculés. Le leader n'a pas peur du rejet au départ. Un leader cherche toujours à apporter des solutions. Avoir un esprit de leader, c'est s'engager à faire partie des meilleurs. Mais le leader doit aussi accepter de prendre des coups par derrière car c'est lui qui est devant et les suiveurs ne prennent jamais de coup parce qu'ils sont derrières et ont toujours la part maigre des résultats financiers et matériels que le groupe ou la structure ou l'entreprise gagne.

Manifester du leadership demande aussi que vous aimiez les gens que vous voulez diriger car il faut d'abord toucher le cœur avant de vouloir commander l'esprit et le bras. L'un des moyens qui peut à long terme vous pousser à devenir un leader est de faire de son habitude la lecture, de lire l'autobiographie des grands leadeurs car de la même manière que vous êtes ce que vous mangez, ce que vous pensez, vous êtes aussi ce que vous lisez.

> **Si vous voulez faire la différence, gagner la confiance des gens qui vous entourent, vous devez accepter de vous sacrifier pour eux car le leadership demande des sacrifices.**

La coopération et la tolérance

« **Nous devons apprendre à vivre ensemble comme des frères, sinon nous allons mourir tous ensemble comme des idiots** ». Martin Luther King

Il n'n y a pas de réussites sans les autres. Être au service des autres donne un sens à votre vie. Vous ne pouvez pas réussir dans la dépendance ni dans l'indépendance, mais plutôt dans l'interdépendance.

Votre réussite dépend de l'intérêt que vous portez aux autres. Dans son livre *comment se faire des amis,* **Dale Carnegie** nous enseigne que la réussite d'une personne dépend en grande partie du talent qu'elle saurait déployer dans les rapports avec ses semblables.

« L'homme qui ne s'intéresse pas à ses semblables est celui qui rencontre le plus de difficultés et qui nuit le plus souvent aux autres » disait *Susana Mc. MAHON* dans son livre **psy de poche.**

Si les hommes sont ceux qui donnent un sens à votre réussite, il est obligatoire d'avoir la vertu de pardonner afin de ne pas les faire fuir. Pardonner, attire les hommes. Une très grande leçon est donnée dans le coran par DIEU et que j'ai envie de partager avec vous « **La bonne action et la mauvaise ne sont jamais pareilles, repousse le mal par ce qui est meilleur et voilà celui avec qui tu avais une animosité devient tel un ami chaleureux. Mais ce** privilège n'est donné qu'à ceux qui sont endurants et il n'est donné qu'au possesseur d'une grâce infinie». (Sourate 41, verset 34 et 35)

Mandela n'avait-t-il pas pardonné à ceux qui lui ont volé une plus grande partie de sa vie ? Il est devenu l'un des meilleurs leaders que l'humanité ait connu.

> Si les hommes sont ceux qui donnent un sens à votre réussite, il est obligatoire d'avoir la vertu de pardonner afin de ne pas les faire fuir.

QUATRIEME PARTIE :

METHODES PRATIQUES POUR TRANSFORMER VOTREVIE

Reprogrammez votre subconscient

Le subconscient est reprogrammé par une image et une émotion. Soyez conscient de ce que vous injectez dans votre cerveau. Vos parents qui vous aiment tant et sans le savoir vous ont programmé en utilisant des mots qui peuvent vous empêcher de réaliser vos rêves.

Exemples de mots utilisés :
- Sois parfait : cela veut dire que l'on ne doit pas échouer, que l'on doit être irréprochable. Cela nous pousse à ne pas essayer car nous pensons que si nous essayons et que le résultat ne suit pas, c'est une catastrophe. C'est une reprogrammation négative parce que le perfectionnisme est une maladie qui peut vous empêcher d'aller de l'avant. Acceptons de ne pas être parfait. Seul DIEU EST PARFAIT. Donc soyez humain car l'homme est sujet à l'erreur, mais il doit chercher à se renforcer, grandir et s'élever.
- fais vite : c'est brûler des étapes sans maîtriser quoi que ce soit. vous devez chercher à vivre l'instant présent.
- Ne fréquentez pas les grands : alors que ce sont les grands qui peuvent vous conseiller et vous parler de leurs expériences.

- Ne prenez pas la parole devant les vieux même si ces derniers parfois s'écartent du droit chemin.

L'esprit humain est divisé en deux parties : le conscient et l'inconscient. Ce dernier est divisé en deux parties : le subconscient et le super conscient. Le subconscient est cette partie de votre cerveau qui peut vous aider à réaliser vos projets.

Tous les actes inconscients que vous répétez à longueur de journée sont gravés dans votre subconscient. C'est la raison pour laquelle nous les faisons sans réfléchir. Le subconscient ressemble à un jardin mental fertile qui doit être cultivé sinon il sera envahi par de mauvaises herbes. Par analogie, ces mauvaises herbes correspondent à des pensées destructrices provoquant la jalousie, l'inquiétude, la cupidité, l'anxiété, la colère, la haine etc.

De la même manière que ces herbes ne peuvent être transformées en fruits et légumes sucrés et utiles, ces pensées destructrices aussi ne peuvent vous aider à trouver le bonheur, la joie, l'enthousiasme etc. Si vous voulez reprogrammer votre subconscient, vous devez commencer par vous fixer des objectifs qui vous tiennent à cœur. Ces objectifs correspondent aux graines que vous voulez semer dans votre jardin mental.

Choisir les bons objectifs tout en sachant qu'une graine de piment ne peut donner un fruit de pomme et que des arachides ne peuvent être récoltées à la place des graines de tomates qui ont été semées.

En d'autres termes, tout ce que vous voulez récolter à l'avenir doit être semé dans votre jardin mental et fertile. Une fois que ces objectifs sont semés, il est évident que vous devez les arroser, les entretenir et fermer la porte aux éventuels voleurs de rêves comme on ferme la porte d'un champ aux destructeurs ou à l'envahissement des mauvaises herbes.

L'arrosage consiste à répéter ou à lire vos objectifs plusieurs fois dans la journée comme on arrose une plante jusqu'à ce qu'elle prenne racine dans votre subconscient. Il faut l'entretenir et le protéger contre les insectes c'est-à-dire contre les pensées nuisibles. C'est en ce moment-là que commence la réalisation de vos objectifs car une fois que votre objectif s'est enraciné dans votre subconscient, c'est là où la magie opère. Vous vous mettrez à commencer à vivre le bonheur. Retenez bien que tout ce que vous semez dans votre subconscient, vous risquez de le récolter.

> **Une fois que vos objectifs sont semés, il est évident que vous devez les arroser, les entretenir et fermer la porte aux éventuels voleurs de rêves comme on ferme la porte d'un champ aux destructeurs ou à l'envahissement des mauvaises herbes.**

L'autosuggestion

L'autosuggestion vous aide à reprogrammer votre subconscient par le biais de la répétition d'affirmations positives pour un peu plus de résultat, et pour changer ou acquérir certaines habitudes.

Il est important d'être dans un endroit calme, de réfléchir sur tout ce qui peut vous arriver si vous continuez à adopter une mauvaise habitude ; de réfléchir aussi sur tout ce que vous pouvez gagner en acquérant une bonne attitude.

Répéter ces moments d'introspection jusqu'à ce que vous trouviez la force, la motivation et le désir de changer les choses dont vous ne voulez pas. Adoptez les choses que vous voulez. Vous devez sans cesse consacrer quelques minutes à imaginer votre vie telle que vous voudriez qu'elle soit.

Les mots ont un pouvoir

Choisissez aussi les mots que vous utilisez. Chaque mot que vous prononcez a un effet et influe sur votre comportement. Ces mots aussi sont des graines que vous devez choisir car ils ont un pouvoir destructeur.

Les expressions qu'il faut proscrire de votre vocabulaire :
- c'est impossible ;

- je ne suis pas intelligent ;
- je suis jeune pour réaliser mes objectifs ;
- je suis nul ;
- j'ai des problèmes ;
- je vais échouer ;
- c'est difficile ;
- je ne peux pas.

Tous ces troupeaux de mots vous pompent votre énergie et peuvent germer dans votre subconscient d'une façon rapide et vous empêcher de passer à l'action.

Ces expressions ci-dessous sont à utiliser, à répéter chaque jour. Elles peuvent vous aider à adopter de bonnes attitudes et vous donner beaucoup plus d'énergie :

- Je suis capable de ;
- C'est possible ;
- Je suis intelligent ;
- Je vais réussir ;
- C'est facile ;
- Je réalise toujours ce que j'entreprends ;
- J'ai des défis à relever ;
- Etc.

> **Vous devez sans cesse consacrer quelques minutes de votre temps à imaginer votre vie telle que vous voudriez qu'elle soit.**

Les habitudes.

« Le début d'une habitude est comme un fil invisible. Mais chaque fois que nous répétons l'acte, nous renforçons le fil et y ajoutons un nouveau filament, jusqu' à ce qu'il forme un gros câble et lie irrévocablement nos pensées et nos actions ». (Orison Marden)

« L'excellence est une habitude et un art qui s'atteint par l'entrainement et nos habitudes. En d'autres termes nous sommes ce que nous répétons, l'excellence n'est pas un acte mais une habitude » Aristote.

À la base de toute réussite et de tout échec, se trouvent vos habitudes. Beaucoup de gens sont prisonniers de leurs habitudes. Une habitude destructrice commence toujours par un comportement destructeur. Il y a des habitudes bonnes mais aussi il y en a des mauvaises. Vous avez intérêt à délaisser ces dernières. Aussi faut-il savoir ce qu'est une mauvaise habitude.

Une mauvaise habitude est celle qui vous conduit à l'échec et à votre perte. Ce sont des comportements qui ne sont pas à saluer. Vous avez intérêt à adopter des habitudes qui vous permettent de vous élever.

Dans son livre *le succès par la pensée constructive*, Napoléon Hill décrit comment Benjamin Franklin est parvenu à faire acquérir certaines habitudes qui lui ont permis de vivre une vie riche et une réussite spectaculaire. Voici la méthode qu'il a utilisée. Cette méthode repose sur la reprogrammation du subconscient.

L'habitude ressemble à un chemin dans la brousse. À force d'emprunter ce chemin vous le désherbez et il devient très clair. La technique qui suit peut vous aider à adopter certaines habitudes. Mais comprenez aussi que les habitudes recherchées par les uns peuvent être différentes de celles recherchées par d'autres. Voici Quelques habitudes qui peuvent vous aider à transformer votre vie :

- Sourire ;
- fuir ceux qui médisent ;
- penser positif ;
- se réveiller tous les jours à 5 ou 6 heures du matin ;
- la tempérance : ne pas manger jusqu'à satiété ;
- la tranquillité : ne pas se tracasser pour rien, ou pour des petits incidents courants et inévitables ; etc.

Comment procéder ?

Le principe est de vous focaliser sur une habitude que vous voulez acquérir durant une semaine et pendant chaque jour de la semaine. À chaque fois qu'une occasion de l'appliquer se présente, vous agissez rapidement sans chercher à vous complaindre dans des pensées négatives.

A la seconde semaine, vous prenez une autre habitude tout en faisant attention à ne pas violer la première. Et ce, pendant plusieurs semaines vous aurez à reprendre chaque habitude deux à trois fois dans l'année. Cette répétition permet de reprogrammer votre cerveau dans le but d'acquérir l'automatisme.

Nom et Prénom :							
le chemin de la réussite et du changement							
Les habitudes que je dois acquérir dans ma vie pour l'année							
habitudes	Dim.	Lun.	Mar.	Mer.	Jeu.	Ven.	Sam.
Fuir ceux qui médisent							
Penser positif							
Se réveiller tôt							
assiduité							
Justice							
tranquillité							
modération							
propriété							
chasteté							
Ne pas répondre à la provocation							

Comment je suis parvenu à rompre avec certaines de mes habitudes et en acquérir d'autres. J'utilise l'autosuggestion pour avancer. Je vous le recommande car elle m'a beaucoup aidé et jusqu'à présent je suis en train de le faire. La méthode est simple :
Je prends une carte aux dimensions d'un badge, j'y écris la qualité que je veux acquérir et je la mets au cou.
Je la vois et je la lis plusieurs fois jusqu'à ce qu'elle se grave dans mon subconscient. S'il m'arrive l'occasion de la pratiquer, je la pratique et je pense aux bienfaits de cette qualité.
Habituez-vous à ne pas parler à votre subconscient en termes négatifs car il ne connaît pas la négation. Je suis devenu conférencier grâce à cette méthode que j'ai appliquée. Vous pouvez vous aussi l'appliquer car **il y a un lien étroit entre l'autosuggestion et la formation des habitudes.**

Je reprends ici ce que Napoléon **HILL** a dit dans son livre ***les 17 lois du succès (2012 Performance Édition)*** au troisième tome, chapitre : la concentration.

« 1. quand vous commencez à former une nouvelle habitude, agissez avec force et enthousiasme. Soyez pleinement conscient de ce que vous pensez. Rappelez-vous que vous faites les premiers pas afin d'établir de nouveaux chemins mentaux et que c'est beaucoup plus difficile au début qu'il ne le sera par la suite. Au début, travaillez votre

chemin pour qu'il soit dégagé et profond que possible afin de voir clairement la prochaine fois que vous désirez le suivre.

2. gardez votre attention fermement concentrée sur le trajet de ce nouveau chemin et éloignez votre esprit des anciens sentiers. Portez toute votre attention sur les nouveaux chemins que vous êtes en train de tracer.

3. circulez sur ces nouveaux chemins aussi souvent que possible. Créez des occasions pour y voyager sans attendre qu'elles surviennent par chance ou par hasard. Plus vous allez les utiliser souvent, plus rapidement des chemins deviendront faciles d'accès.

4. résister à la tentation d'utiliser les anciens chemins, plus faciles, qui vous servaient auparavant. Chaque fois que vous résistez à une tentation, vous vous renforcez et ce sera ainsi plus facile d'y résister la fois suivante. Chaque fois que vous vous laissez aller à la facilité, il vous est plus facile de céder à la fois suivante, et plus difficile de résister par la suite. C'est une période critique. Dès le départ, faites preuve de détermination, de persévérance et d'une puissante volonté.

5. assurez-vous d'avoir planifié le bon chemin comme but clairement défini et allez-y alors sans crainte, sans alimenter le moindre doute.

6. Choisissez votre but et établissez des chemins psychologiques adéquats, profonds et larges qui vous conduiront aux résultats désirés ».

D'autres habitudes à acquérir

- Se lever au plus tard à 5 ou 6 heures.
- Faire deux bonnes actions pour une personne chaque jour
- Ne pas regarder la télé plus d'une heure de temps par jour
- Soigner sa tenue vestimentaire
- Lire un livre par semaine
- Faire du sport 3 jours par semaine
- Économiser 10 pour cent de son revenu
- Ne pas parler du mal des autres
- Remercier Dieu chaque jour
- Sourire le plus souvent
- Être ponctuel
- Manger des fruits tous les jours
- Apprendre à prendre la parole en public
- Ne tourner le dos à personne
- Complimenter les autres
- Reconnaître son erreur
- Invoquer Dieu le plus souvent
- Parler en terme positif ou être optimiste
- Cesser de se plaindre

- donner de l'aumône
- Encourager les autres
- Écrire et lire ses objectifs chaque jour
-   Apprendre une nouvelle langue

- Inviter un ami à déjeuner/dîner chaque mois
- Ajoutez les habitudes que vous voulez

> **A la base de toute réussite et de tout échec, se trouvent vos habitudes.**

Voyez grand et maîtrisez diverses situations de la vie

Les difficultés de la vie

Parfois vous êtes tellement frappés par les difficultés de la vie que vous êtes paralysés mentalement. Le problème en est que votre entourage parfois ne sait pas ce qui se qui se passe dans votre tête et ce que vous vivez. Il n'est pas obligé de le savoir pour vous soutenir. N'oubliez pas aussi que plus les gens prennent l'habitude de vous aider, plus vous perdez tout besoin de semer. La seule erreur qu'il ne faut pas commettre, c'est d'arrêter et d'abandonner. Ce sont nos pensées qui nous jouent des tours. Dans son livre *les clés pour lâcher prise,* Guy FINLEY dit : « en dépit des apparences, les liens qui nous retiennent sont des créations de notre esprit. Ce sont nos propres pensées qui nous retiennent à terre. Elles s'enrôlent autour de notre cœur et font souffrir notre esprit ».

Vous êtes parfois confrontés à certaines difficultés et il vous faut avoir une boîte à outils à l'exemple du mécanicien qui, pour dépanner une machine, doit utiliser certains outils pour réparer la machine. Nous vivons avec nos semblables qui ont des modes de vie différents des nôtres.

- *Faire face aux mesquineries*

Il existe toujours des gens qui essayeront de vous voler vos rêves. On les appelle des personnes toxiques, ou des voleurs de rêves, ou encore des amarres. Le meilleur outil qu'il faut utiliser reste l'indifférence tout en vous disant qu'elles sont peut-être inconscientes, ou peut-être, elles ont une maladie mentale.

- *Éviter les disputes*

La majorité des conflits peuvent être évités si vous vous posez les bonnes questions. Une bonne attitude est indispensable pour faire appel à votre raison, d'où la nécessité de travailler sur vous pour pouvoir vous contrôler et vous poser les questions sur n'importe quelle situation qui pourrait se présenter.

Exemples de questions à se poser sont :

➢ Quelles sont les causes des réactions des personnes ?

➢ Est-ce que certaines situations méritent que je me querelle ?

➢ Est-ce que les causes ne sont pas liées à mon comportement ?

Certaines personnes se rongent les sangs en souhaitant du tort aux autres, ou en faisant des attaques personnelles indirectement avec un seul but : faire mal ; ce qui est une attitude contraire à celles d'un bon leader. Prenez exemple sur Mandela.

Ne répondez pas aux provocations des gens mal intentionnées car cela vous rendra fort.

Par ailleurs quand les gens agissent à l'encontre de vos désirs, demandez quels ont été vos attitudes et comportements antérieurs envers ces personnes ou même envers d'autres plutôt que de les critiquer ou de les blâmer car cela ne résout pas le problème. Changez et ils changeront, comprenez-les et ils vous comprendront.

> **N'oubliez pas aussi que plus les gens prennent l'habitude de vous aider plus vous perdez tout besoin de semer.**

Gérez votre stress

« **Rien ne vous emprisonne excepté vos pensées. Rien ne vous limite excepté vos peurs. Et rien ne vous contrôle excepté vos croyances.** » Marianne Williamson

Pour gérer le stress, vous devez être très attentifs à votre système de guidance émotionnel. Quand vous êtes en activité et que vous vous sentez mal :
- première étape : arrêtez-vous et dites-vous automatiquement que les émotions que vous êtes en train de sentir montrent que vous êtes en train de penser à quelque chose que vous n'aimez pas qu'il vous arrive, ou à un manque, ou que vous êtes en train de voir l'aspect négatif de la situation qui se présente dans votre esprit. Cette prise de conscience demande que vous prêtiez attention à vos émotions. Il faut s'entraîner pour cela. Une fois que vous avez pris conscience de votre état d'émotion, c'est un grand pas.
- deuxième étape : appliquez la technique de la pensée opposée. Cette technique consiste à penser l'inverse.

Exemple : quand vous pensez à ce qu'une personne vous a fait et que ses actes vous ont frustrés, détachez l'acte de la personne, c'est-à-dire ne jugez pas la personne mais voyez rapidement le côté positif d'elle et ensuite posez-vous la question de savoir : qu'est-ce que DIEU essaie de me montrer dans cette situation ?

Quelle leçon pourrai-je apprendre et comment ? Le seul fait de se poser ces questions tranquillise l'esprit.

Mettez-vous à l'esprit que tout est expérience et leçon. Que vous êtes en train d'apprendre pour évoluer et grandir. Certaines situations se passent pour que vous puissiez savoir qu'il y a quelque chose que vous devez changer ou que vous êtes en train de grandir. Pensez en terme positif et non en terme négatif.

Quand vous pensez au manque, vous allez vous sentir mal à coup sûr. Le seul fait de penser en ce que vous possédez en ayant la gratitude change tout.

Une autre méthode qui est aussi efficace est de vous asseoir dans un endroit un peu isolé des bruits et de suivre ces étapes :

1. imaginez ou pensez à la situation qui vous fait vous sentir mal. Pour cela, vous devez imaginer tous les détails tels que les images les couleurs et les sons.
2. Agrandissez l'image que vous voyez dans un écran imaginaire. Vous remarquerez que vous vous sentirez encore plus mal.
3. assombrissez et faites réduire l'écran de l'image que vous voyez dans votre esprit, diminuez le volume des sons que vous entendez et faites les taire.
4. faites disparaître ces images.
5. imaginez une situation agréable que vous avez vécue.

Imaginez tous les détails tels que les images les couleurs, les sons.

6. Agrandissez l'image que vous voyez dans un écran imaginaire. Vous remarquerez que vous vous sentirez encore mieux.

Faites cet exercice plusieurs fois et vous verrez en sus des premières techniques que vous allez changer vos pensées pour vous sentir bien.

- La troisième technique et dernière étape, c'est de changer de pensées et de penser à autre chose. Vous verrez qu'avec l'habitude, le stress ne vous causera plus de problème.

Un bon régime mental

Une pratique qui peut vous rendre heureuse. Lancez-vous un défi de ne pas vous nourrir de pensées négatives durant une semaine. C'est vraiment un défi qui ne sera pas aisé mais qui peut vous aider à améliorer votre vie. Le défi sera qu'à chaque fois que vous avez une pensée négative, de la remplacer automatiquement par une pensée positive, de ne pas dépasser les 2 à 5 minutes à y penser. Souriez, utilisez l'humour pour créer une atmosphère agréable.

Attention aux dettes

Je ne suis pas contre les dettes mais vous devez faire vite d'apprendre l'intelligence financière et d'arrêter de vous endetter ou d'emprunter de grosses sommes pour ensuite continuer à vivre dans la pauvreté. S'endetter c'est creuser un trou et vouloir y bâtir les fondements de sa richesse. Beaucoup de personnes vivent dans la souffrance à cause des dettes alors que dans son livre *les 17 lois du succès,* **Napoléon Hill** relate que **« la plupart des gens qui ont l'habitude de s'endetter n'auront pas la chance de changer d'avis en temps car la dette est comme du sable mouvant qui a tendance à attirer sa victime toujours plus profondément dans la boue »**.

Cela est dû au plaisir immédiat que vous voulez vivre et sans penser à un avenir meilleur. La plupart d'entre nous préfèrent s'amuser maintenant et le payer plus tard au lieu de faire l'inverse. Pour cela il faut faire face aux croyances qui vous gangrènent. Il faut cesser de gaspiller en un jour tout ce que vous avez économisé des années durant et évitez d'acheter des choses qui ne sont pas nécessaires. Cherchez à augmenter votre revenu.

Nous voulons vous faire comprendre la différence entre une dette et un crédit. Une dette est le fait d'emprunter de l'argent et d'acheter des choses qui se déprécient dans le temps.

Exemple une voiture qui n'apporte rien, des meubles qui s'usent avec le temps. Par contre un crédit, c'est le fait d'emprunter et d'investir afin de d'augmenter son revenu.

Cherchez à investir pour augmenter votre revenu petit à petit est la meilleure résolution à prendre.

Cherchez à économiser pour investir. Le meilleur moyen d'y arriver est de parler à votre entourage le plus proche de votre intention de changer de situation positivement pour satisfaire le plus grand nombre de personnes de votre famille et les autres. Si non vous risquerez de mourir dans la pauvreté.

Divisez votre revenu en plusieurs parties. Prenez un à deux dixième que vous allez épargner, une partie que vous allez donner aux pauvres et une autre partie pour payer vos dettes que vous avez déjà contractées et une autre partie pour votre famille.

Avec l'argent que vous avez épargné, cherchez à investir et pour cela il faut demander aux experts qui ont réussi dans le domaine dans lequel vous voulez investir sinon vous risquerez de perdre votre argent.

> **S'endetter c'est creuser un trou et vouloir y bâtir les fondements de sa richesse.**

Accepter les critiques et solliciter des commentaires.

Savoir réagir positivement aux critiques est l'un des moyens qui m'a permis d'être conférencier en développement personnel. Les critiques vous permettent d'être fort mentalement, d'avoir un bon état d'esprit et vous permettent aussi de cultiver la maîtrise de vous-même.

Solliciter des commentaires, c'est accepter qu'on vous apporte des critiques constructives pour vous aider à trouver des failles qui vous empêchent d'aller de l'avant.

La plupart des gens trouvent un plaisir de voir les gens faire des erreurs et de les critiquer mais le plus souvent ils sont victimes de leur propre jalousie et c'est aussi une preuve que vous êtes en train d'avancer. Solliciter des commentaires c'est mettre à l'aise la personne à qui l'on demande d'apporter des suggestions ou des conseils. Cette personne pourrait peut-être voir des failles mais par peur de vous faire mal, elle se tait mais dès que vous la sollicitez en personne, vous lui donnez l'occasion de vous aider. Les réactions qu'il faut éviter sont :

- Croire que les gens ne vous aiment pas ;
- Se frustrer ou se mettre en colère ;
- Ne pas tenir compte des commentaires.

- découvrir aussi le véritable visage des gens qui vous critiquent.

La méthode que j'ai lue dans le livre *le succès selon Jack Canfield* de Jack Clarfield m'a été d'un grand secours et m'a aidé à corriger beaucoup de mes faiblesses. Elle peut vous aider aussi à apporter des changements dans votre vie.

Cette technique repose sur une pratique qu'il faut utiliser pour se corriger et c'est un exercice très efficace à faire. J'ai consacré une page entière à cette méthode, vous la trouverez à la page suivante.

> **Solliciter des commentaires c'est accepter qu'on vous apporte des critiques pour vous aider à trouver des failles qui vous empêchent d'aller de l'avant.**

Améliorez-vous grâce à cette technique qui marche

Demandez à votre entourage des commentaires sur les qualités de vos relations sur le plan professionnel et sur le plan amical. Demandez-leur de vous noter sur une échelle de 0 à 20. Si la réponse est inférieure à 20, posez la question suivante : «Que faudrait-il faire pour se rapprocher ou obtenir vingt ? »

Un jour, j'ai compris quelque chose avec ma chérie Nissayi. Lorsque je lui ai fait part la feuille d'évaluation. Elle m'a noté 5/10. Lorsque je lui ai posé la question de savoir « Que faudrait-il faire pour obtenir 10 ? » elle m'a répondu : « vous n'avez pas de problème, tu n'es pas mauvais mais tu as un comportement qui est en toi qui ne me plaît pas et ce comportement pourrit le climat de la maison ». Catastrophe ! Et quel est ce comportement lui posais-je la question ? Elle me répondit ceci : « tu oublies parfois que nous sommes dans la maison. Tu vas à l'école où tu passes neuf heures et tu reviens, tu t'assois cinq à huit heures auprès de ton ordinateur et après tu te couches. Et nous dans tout ça. » Catastrophe !, elle avait raison et je ne m'étais même pas rendu compte. Peut-être je ne le saurais jamais si je n'avais pas sollicité ce commentaire. Beaucoup de mes faiblesses ont été réglées grâce à cette technique.

Vaincre la procrastination et la paresse

La procrastination est un état d'esprit et c'est le meilleur moyen de mourir sans exploiter votre potentiel. La procrastination, c'est de reporter au lendemain tout ce que vous pouvez faire aujourd'hui. Si vous avez à l'idée que vous allez reporter une tâche et si vous vous concentrez sur cette pensée vous l'accentuerez. Quelques étapes pour réduire les actions à reporter :
- définir ce que vous voulez réaliser ;
- définir le pourquoi vous voulez atteindre cet objectif ;
- penser à l'objectif atteint et non à la tâche.
- se poser la question : Quel sentiment pourrais-je avoir si je réussis à atteindre mon objectif ?

Pour passer à l'action, il faut :
- avoir des périodes de concentration active en commençant par les plus pénibles, les plus contraignantes ;
- éliminer toutes contraintes y compris les excuses qui vous empêchent d'atteindre ces objectifs ;
- Éliminer les croyances. Pour cela, listez les croyances et les remplacer par les croyances positives ;
- se récompenser après avoir accompli quelque chose ;
- Être optimiste car cela rend très fort.

Et si vous étiez sûr de ne pas échouer, quelle sera votre action ? Parlez en termes positifs de ce que vous voulez et ne parlez pas de ce que vous ne voulez pas. Voyez le verre à moitié plein et non à moitié vide. Vivre n'est pas le défi mais comment nous allons vivre pour ne pas avoir des regrets. Le meilleur moyen de vaincre la paresse est de se poser des questions vraiment qui vous poussent à passer à l'action. Des questions telles que : « quelle est la vie que je veux vivre ?» « Comment la vivre !», qu'est-ce que je veux enseigner à mes enfants et à ceux qui m'entourent ?»

La méthode que j'ai appliquée pour me pousser à passer à l'action peut vous servir vous aussi à passer à l'action. La voici :

Je me répète plusieurs fois la phrase suivante : « Si je ne travaille pas maintenant, je ne vais pas réaliser mes objectifs et je risque de mourir avec des milliers de regrets et de remords en tête ». Je vaincs la paresse et la procrastination en utilisant le secret de la réalisation des objectifs qui est de passer à l'action et la formule qui m'aide à le faire est « FAIS-LE TOUT DE SUITE, JE TERMINE TOUJOURS CE QUE J'AI COMMENCE. »

> **Si vous avez à l'idée que vous allez reporter une tâche et si vous vous concentrez sur cette pensée, vous l'accentuerez.**

Vaincre l'habitude d'abandonner

« La douleur est temporaire : qu'elle dure une minute, une heure, un jour ou même une année, peu importe, elle finira toujours par s'estomper. En revanche, si j'abandonne, ça ne s'effacera jamais. » [Lance Armstrong]

« L'échec n'existe pas. Seuls les résultats existent. » [Anthony Robbins]

« Jamais. N'abandonnez jamais. » [Winston Churchill]

L'échec n'existe pas tant que vous n'avez pas abandonné. Parvenir à vaincre l'habitude d'abandonner de ce que vous entreprenez est l'un des meilleurs moyens de réaliser ses objectifs.

Le meilleur moyen de vaincre l'habitude d'abandonner vos projets en cours de route, c'est de se répéter une affirmation positive afin de donner un ordre à votre subconscient.

À répéter matin et soir ; une formule utilisée par **Charles Haanel** dans son livre *Système clé universelle du succès* que j'ai adaptée afin de vous aider à reprogrammer votre subconscient.

«Lorsque je commence à faire une chose et que j'abandonne, je forme l'habitude de l'échec. Si je n'ai pas l'intention de finir une chose, je ne la commence pas et si je commence, je vais jusqu'au bout même si je ne vois rien qui montre la réussite.

Si je décide d'entreprendre un projet ou un objectif, je le mène à bien, je ne laisse rien ni personne me voler mon rêve. L'affaire est conclue et il y a plus de discussion.»

Prenons l'exemple de thomas Edison qui a été interrogé à la veille de son invention de l'ampoule à incandescence sur son échec après 9999 tentatives. Il leur a répondu que je n'ai pas échoué, j'ai seulement trouvé 9999 manières de ne pas inventer l'ampoule. Le lendemain, il inventât son ampoule parce qu'il a refusé d'abandonner.

L'échec ce n'est pas de tomber, mais l'échec, c'est de continuer à rester à terre sans chercher à se relever. Ceci est confirmé par le proverbe chinois qui décrit que : « Le succès c'est tomber sept fois, et se **relever** huit fois».

Si je décide d'entreprendre un projet ou un objectif, je le mène à bien, je ne laisse rien ni personne me voler mon rêve. L'affaire est conclue et il y a plus de discussion.

Pour le changement de mentalité et la réussite

Conseils utiles sur lesquels vous pouvez vous appuyer pour bâtir votre carrière.

Ayant pour but de venir en aide à tous ceux qui aspirent à se frayer un chemin vers la réussite et l'accomplissement de soi, je me suis permis d'aller à la rencontre de quelques personnes ressources pour les questionner sur tout ce qui peut aider les gens à améliorer leurs conditions de vie.

Voici la demande envoyée, les questions que j'ai posées et les réponses que j'ai obtenues :

Demande :

Ayant donné quelques conférences dans les établissements, j'ai besoin d'apporter quelques conseils, du concret et des leçons de vie sur lesquelles les gens peuvent s'appuyer pour aller de l'avant. Aujourd'hui les jeunes sont désorientés et ont du mal à trouver des modèles

1. Nom Et Prénom : DIAKHITE Sanoussi

Fonction : Directeur Général de L'Office National de la Formation Professionnelle (ONFP).

— Tout en sachant que Dieu est la cause de toute chose, selon vous, à quoi est dû votre niveau de réussite ?

— Pour une réussite, deux facteurs me semblent importants : le travail et l'assurance qui s'appuie sur la foi.

— **Quels sont les facteurs clés qui peuvent aider un jeune à réussir ?**

— Travailler et croire en soi. Se dire que Dieu donne à qui il veut. Sa grâce est accessible à tous.

— **Quelles sont les causes principales d'échecs des jeunes ?**

— L'absence de valeur, de repères et de patience.

— **Qu'est-ce que vous regrettez le plus dans votre vie, que vous avez envie de partager et que vous ne voulez pas que les jeunes vivent ?**

— Pas de vie de famille et de temps pour les enfants à cause du temps consacré au travail.

— **Quels comportements les jeunes doivent-ils avoir pour devenir acteurs de changement ?**

— Une bonne dose de don de soi pour les autres et pour sa communauté.

— **De quoi d'autres avez-vous envie de partager pour aider les jeunes ?**

— L'engagement dans des causes d'intérêt général prépare à l'endurance, procure de l'assurance, préserve contre la vanité et l'orgueil et forme à résister face aux épreuves.

— **Selon vous, quelles sont les compétences qu'un jeune doit obligatoirement avoir pour faire face aux différentes situations de la vie qui peuvent se présenter à lui ?**

— Prendre des Initiatives, exploiter le potentiel de son environnement et s'armer d'ouverture d'esprit.

2. Nom Et Prénom : DIAGNE Baba Diène

    Fonction : Enseignant-chercheur à l'ENSETP/UCAD

— **Tout en sachant que Dieu est la cause de toute chose, selon vous, à quoi est dû votre niveau de réussite ?**

— Comme vous le soulignez si bien et étant profondément croyant, nous devons toute réussite à DIEU. Il va de soi maintenant que DIEU recommande le travail à tout le monde. Ce que j'ai toujours essayé de faire de ma vie. Pour moi, la réussite tient au fait qu'un individu doit se fixer des objectifs et se donner les moyens de les atteindre. C'est le seul secret.

— **Quels sont les facteurs clés qui peuvent aider un jeune à réussir ?**

— Un jeune doit avoir des repères, et de bons repères pour réussir. La jeunesse est un âge crucial où l'adolescent est à la recherche de modèle qu'il va chercher dans son entourage (parents, frères, sœurs, etc.), chez les artistes, les stars. C'est en ce moment que sa famille doit lui inculquer davantage les bonnes valeurs pour qu'il puisse garder la tête sur ses épaules.

— **Quelles sont les causes principales d'échec des jeunes ?**

— un manque de repère et un mauvais compagnonnage.

— **Qu'est-ce que vous regrettez le plus dans votre vie, que vous avez envie de partager et que vous ne voulez pas que les jeunes vivent ?**

— Je ne regrette rien, tout est leçon.

— **quels comportements les jeunes doivent-ils avoir pour devenir acteurs de changement ?**

— Un jeune bien éduqué est porteur de valeurs. C'est quelqu'un qui porte des valeurs qui peuvent apporter des changements dans le sens souhaité.

— **Quoi d'autres avez-vous envie de partager pour aider les jeunes ?**
— Une jeunesse très difficile par moment ; ce qui ne m'a jamais empêché de garder la tête froide et de marcher sur le bon chemin.

— **Selon vous, Quelles sont les compétences qu'un jeune doit obligatoirement avoir pour faire face aux différentes situations de la vie qui peuvent se présenter à lui ?**
— Pour moi, un jeune doit avoir les compétences relatives aux leçons de la vie. Tout cela relève de l'éducation de base reçue des parents et de la société. Cette compétence confère aux jeunes l'autonomie qui permet à tout un chacun de savoir faire face aux défis de la vie.

Nous savons tous qu'aucune œuvre humaine n'est parfaite. Raison pour laquelle, nous restons ouverts à toutes vos critiques constructives, ou suggestions, ou contributions qui pourraient nous aider à améliorer le contenu de ce livre.

Les livres à lire pour votre développement personnel

LE MEILLEUR INVESTISSEMENT DE TOUS LES TEMPS : NOURRIR ET ENRICHIR SON ESPRIT.

Nous vous recommandons en plus des ouvrages cités à la bibliographie de de vous intéresser à ceux cités ci-dessous pour développer certaines attitudes et compétences. Nous vous rappelons aussi que si vous ne pratiquez pas, vous n'aurez aucun résultat.

1. **Le pouvoir des commandes mentales**, *Théron Q. Dumond*
2. **Comment développer votre mémoire et votre attention**, *Robert Tocquet*

1. **Comment développer votre influence personnelle**, *Robert Tocquet*
2. **Méthode de super lecture en 10 leçons**, *Jacques Crousset*
3. **La puissance de la pensée positive**, **Norman** *Vincent Peale*
4. **La boite à outils du leadership**, *Testa- Lafargue- Tilhet*
5. **S'organiser pour mieux réussir**
6. **Rompre avec soi-même**, *Joe Dispensa*
7. **Dessine-moi l'intelligence**, *Tony Busan*
8. **Les secrets d'un esprit millionnaire de** *T. Harv Ekfer*
9. **le fonceur - celui que rien n'arrête**, Peter *B. Kyne*

10. La semaine de 4 heures : travaillez moins, gagnez plus, *Timothy Ferriss*
11. **La magie de croire, Claude** *M. Bristol*
12. **La bible de la petite entreprise,** *Steven D. Strauss*
13. **La clé de votre réussite personnelle,** *john maxwell*
14. **Devenir un grand leader***, Steven Sample*
15. **Les lois dynamiques de la prospérité,** *Catherine Ponder*
16. **150 petites expériences de psychologie pour mieux comprendre nos semblables,** *Serge Ciccotti*
17. **Devenir le meilleur de soi-même,** *Abraham Maslow*
18. **Devenez une personne d'influence,** john maxwell
19. *La loi cosmique de la morale,* Omraam Mikhaël Aïvanhov
20. **Miracle Morning***, Hal ELROD*
21. *La force du focus,* Jack Canfield

BONNE LECTURE !

Bibliographie

- Le Saint Coran : traduction révisée et éditée par La présidence Générale des Direction des recherches Scientifiques Islamiques, de l'Ifta, de la prédication et de l'orientation religieuse.

- Annawawî, l'Imâm Mohieddîne. *Riyad as-Salihin*, 2006.

- Canfield Jack. *Le succès selon Jack Canfield*. Un monde Différent, (2005), 576 p.

- Carnegie, Dale. *Comment parler en public*. Le Livre de Poche, Nouvelle édition, Hachette 1990, 255 p.

-
- Clason, Babylone George. *L'homme le plus riche*. Un monde différent, (2014), 192 p.

-
- Covey, Stephen R. *Les sept habitudes de ceux qui réalisent tous ce qu'ils entreprennent*. First, Nouv.éd. 2005, 342 p.

- Mc Mahon, Susanna. *Le psy de poche*. Marabout 2007, 278p.

- Dermusget, Michel.*TV Lobotomie : La vérité scientifique sur les effets de la télévision*. J'ai Lu, 2013. 445p.

- Finley, Guy. Les clés pour lâcher prise. Pocket, Editions de l'Hommes, 2009 ,254p.

- *Haanel, Charles F. Système Clé Universelle. Disponible sur :* http://web-librairie.com/charles-haanel-le-systeme-cle-universel-du-succes-livre-gratuit.html, *(2016).*

- Hill, Napoléon. *Les 17 lois du succès de Napoléon Hill en 4 tomes.* Performance, (2012), 180 p.

- Hill, Napoléon. *Réfléchissez et devenez riche.* J'ai lu, 2011.

- Hill, Napoléon; Stone, W. Clement. *Le succès par la pensée constructive.* J'ai lu, (2011), 352 p.

- Hicks, Esther ; Hicks, Jerry. La Loi de l'Attraction - Les clés du secret pour obtenir ce que vous désirez. Guy Tredaniel 2008, 212 p.

- Kiyosaki Robert T. *Père riche, père pauvre* : Un monde différent, 2015, 240 p.

- Sharma, Robin. *Le moine qui vendit sa ferrai.* J'ai Lu (2 juin 2005), 274 p.

- Sharma, Robin. *L'excellence : une attitude à adopter : Travaillez brillamment, Vivez magnifiquement.* Un monde différent, 2010, 224 p.

- Schwartz David J. *La magie de voir grand - fixez-vous des buts élevés... Et dépassez-les.* Un monde différent, (ISBN : 2-89225-049-8), 366 p.

- Schwartz David J. *La magie de voir grand - fixez-vous des buts élevés... Et dépassez-les.* Un monde différent, (ISBN : 2-89225-049-8), 366 p.

- Robbins, Anthony. *L'éveil de votre puissance intérieure.* J'ai lu « Aventure secrète », 2013, 795 p.

- Robbins Anthony. *Pouvoir illimité - changez de vie avec la PNL.* J'ai lu, 2008, 506 p.

- Rohn Jim. *Stratégies de prospérité.* Un monde différent ; édition revue et corrigée 2015, 224p.

- Romilla Ready ; Kate Burton ; Rob Wilson et Rhena Branch. *Le développement personnel pour les nuls tout en 1.* First, 2008, 688 p.

- Ziglar, Zig. *Rendez-vous au sommet.* Un Monde Différent, 2008, 369 p.

Mahamadou SOW Alias SOW DP a débuté sa carrière en tant qu'enseignant au Lycée Technique Industriel Maurice Delafosse au Sénégal. Ayant pris l'engagement de non seulement transformer sa vie, mais aussi d'aider les autres à transformer la leur, il est devenu un conférencier en développement personnel. Il a aussi animé plusieurs séminaires de formation.

www.ingramcontent.com/pod-product-compliance
Lightning Source LLC
Chambersburg PA
CBHW061652040426
42446CB00010B/1706